광고의 역사부터 애드테크까지

광고의 모든 것

illustoria illustration+storia('역사'의 이탈리아어)의 합성어로,
우리와 세계 모든 이들이 함께 이룩한 역사가 일러스트를 만나 태어난, 알기 쉬운 역사 교양 시리즈입니다.

글 | 김재인

서강대학교 경영학과를 졸업하고, 금융기관에서 근무한 후 여러 광고대행사를 거쳤다. 매체 기획, 홍보, 마케팅, 시장조사, **SP**(Sales Promotion) 업무 등을 담당했고, 신제품 기획 및 개발 책임자로도 일했다.

그림 | 위수연

손으로 무엇인가 만들어 내는 일에 뿌듯함과 행복을 느낀다. 대학에서 시각디자인을 공부했고 출판사에서 북디자이너로 일하고 있다.

광고의 역사부터 애드테크까지
광고의 모든 것

illustoria 005

초판 1쇄 발행 2024년 1월 10일
초판 2쇄 발행 2024년 11월 10일

지은이 김재인
그린이 위수연
펴낸이 김연희

펴 낸 곳 그림씨
출판등록 2016년 10월 25일(제406-251002016000136호)
주 소 경기도 파주시 광인사길 217(파주출판도시)
전 화 (031)955-7525
팩 스 (031)955-7469
이 메 일 grimmsi@hanmail.net

ISBN 979-11-89231-53-8 03320

광고의 역사부터 애드테크까지

광고의 모든 것

김재인 글 · 위수연 그림

그림씨

머리말

오늘날은 광고의 시대입니다.
눈을 뜨는 순간부터 잠자리에 드는 순간까지,
우리 눈과 귀는 온갖 광고에서 벗어날 수 없죠.
눈을 뜨자마자 휴대전화에서는 신상품 소개 알람이 울리고,
텔레비전을 켜면 정보보다 광고가 먼저 우리를 기다립니다.
집을 나서면 길에 나뒹구는 전단부터 간판, 자동차에 붙은 광고를 거쳐
전광판, 현수막 등이 또 우리 눈길을 사로잡습니다.

그렇다고 광고가 늘 해로운 것만은 아닙니다.
광고가 없다면 전 세계에서 일어나는 사건과 공연, 스포츠에 이르는
다양한 활동을 집 안에서 구경할 수 없을 테니까요.

우리는 그 뉴스와 공연, 스포츠를 즐기는 대가로 광고를 보는 셈입니다.

광고의 역사는 인류가 처음 사회를 이루며 살아가는 때로
거슬러 올라갑니다. 여러 사람이 모여 살면서
서로 필요한 정보를 주고받는 것이 광고의 출발이니까요.
선거 광고 역시 로마 시대까지 거슬러 올라갑니다.
상품 판매를 위한 광고의 역사도 생각보다 오래되었죠.
그러나 현대적 의미의 광고는 서양이 근대에 접어들면서 탄생했습니다.
봉건제 사회를 벗어나 근대 시민 사회가 형성되었고, 그 과정에서
다양한 상품을 만드는 장인과 상인들이 생겨났습니다. 나아가
금속활자를 이용한 신문, 잡지 등 인쇄물 보급이 활성화되면서
인쇄 광고가 널리 퍼졌죠. 상품과 광고가 손을 잡게 된 것입니다.

20세기에 접어들면서 라디오와 텔레비전 등
시청각 매체가 등장하면서 광고는 새로운 전기를 맞이합니다.
그때부터 인류는 본격적으로 광고의 영향력 아래 놓이게 됩니다.
오늘날 우리는 눈에 보이는 인쇄 광고, 전파 광고부터

눈에 보이지 않는 마케팅, 심리학, 뇌과학 등
다양한 방식을 이용해 만든 광고를 접하며 살아가고 있습니다.
이는 우리가 알지 못하는 사이에 특정한 제품이나 세력의
영향력 아래 놓여 있다는 뜻이기도 하죠.

이 책에서는 광고의 역사부터 광고 매체의 탄생, 그리고
다양한 광고 기법, 오늘날 일반적으로 광고를 담당하는 광고대행사,
나아가 마케팅과 광고 심리학, 그리고
미래의 광고에 이르는 전 과정을 살펴봅니다.
광고를 전공하고자 하는 이들뿐 아니라
'자본주의의 꽃'이라고 하는 광고의 본질을 궁금해하는 모든 이에게
작은 도움이라도 되기를 바랍니다.

지은이

차례

새롭게 변하는 광고

21세기 광고

세상을 지배하는 광고

광고,
탄생에서 오늘날까지

광고란 무엇일까?

광고는 '상품이나 서비스에 대한 정보를 여러 매체를 통하여 소비자에게 널리 알리는 의도적인 활동'입니다.

조금 어렵다고요?

"물건 팔려고 소비자를 설득하는 일 아니에요?"

그것도 맞습니다.

그걸 좀 더 학술적으로 정의한 것이 위 내용이죠.

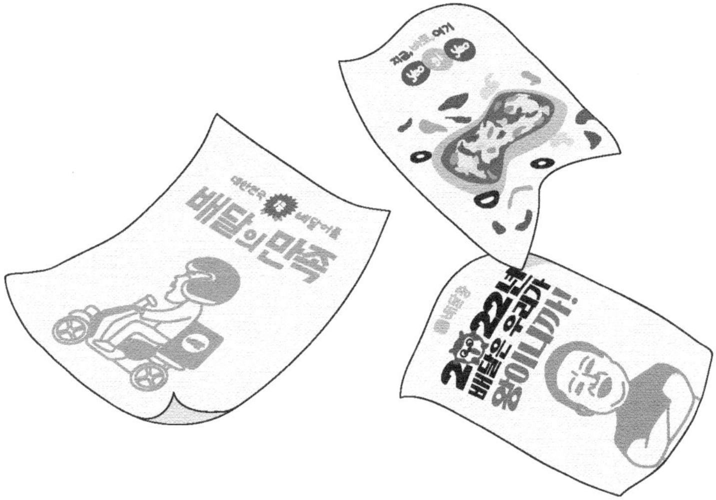

'배달'이라는 서비스를 파는 광고들.

또 서비스는 물건이 아닙니다.

병원 광고는 물건을 파는 게 아니라 '치료'라는 서비스를 파는 것이죠.
배달 대행 회사도 물건이 아니라 '배달'이라는 서비스를 팝니다.

그래서 상품뿐 아니라 서비스도 광고의 대상이 됩니다.
최근에는 상업적 이익을 추구하지 않는 비영리 조직도
자신들의 활동을 널리 알리기 위해 광고를 합니다.

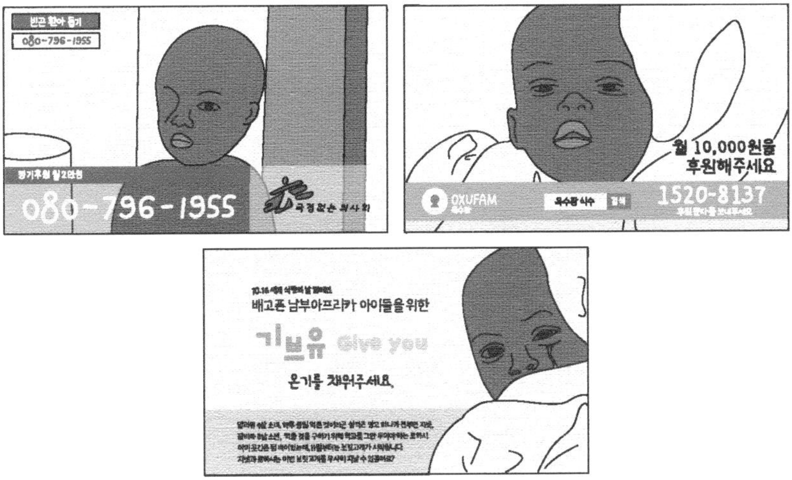

비영리 조직들이 아프리카 아이들을 위해 후원을 요청하는 광고들.

또 의도하지 않았는데도 물건이 잘 팔릴 때가 있습니다. 그러자 광고주들은 자신이 의도하지 않은 광고도 가능하다는 사실을 깨달았죠.

이처럼 광고의 영역이 확대되고 있습니다. 오늘날 광고는 처음 광고가 탄생할 무렵과는 전혀 다른 방식으로 진화했습니다. 그 기법 역시 상상할 수 없을 만큼 다양하죠.

시중에 떠도는 소문에 적극적으로 대처하는 광고.

그래서 어느 것이 광고이고 어느 것이 광고가
아닌지 구분하기 어려울 때도 많습니다.
산업이 발달하고 사회가 변화하면서 광고도 변한 것이죠.

그렇다면 이런 광고는 어떤 과정을 거쳐 오늘날에 이르렀을까요?
광고는 어떻게 탄생했고, 어떻게 발전했을까요?
또 한 나라, 나아가 전 세계적으로 광고는 어떻게 이루어지고 있을까요?
광고를 만들고 실행하는 사람들은 누구일까요?
광고주와 광고인은 같을까요, 다를까요?

오늘을 살아가는 현대인이라면 이런 궁금증을 풀어내야 합니다.
오늘날 광고는 단순히 제품에 관한 정보 제공을 넘어
우리 삶에 직접적인 영향을 끼치기 때문이죠.

자, 그럼 이러한 궁금증을 풀기 위해 광고의 세계로
탐험을 시작해 볼까요?

광고 매체의 탄생

광고 매체의 종류

매체(媒體, Media)는

'두 물체를 연결해 주는 또 다른 물체'를 말합니다.

광고에서 가장 중요한 것은 '광고 매체'입니다.

광고 매체란 '상품(상품을 만드는 회사, 그리고 서비스를 포함한다)과 소비자 사이를 연결하는 물체'를 말하죠.

광고 매체로는 신문, 잡지, 텔레비전, 라디오, 인터넷, 휴대전화, 간판, 네온사인, 거리의 동영상, 유튜브 등 다양한 매체들과 현수막, 전단, 포스터, 카탈로그 등 무수히 많습니다.

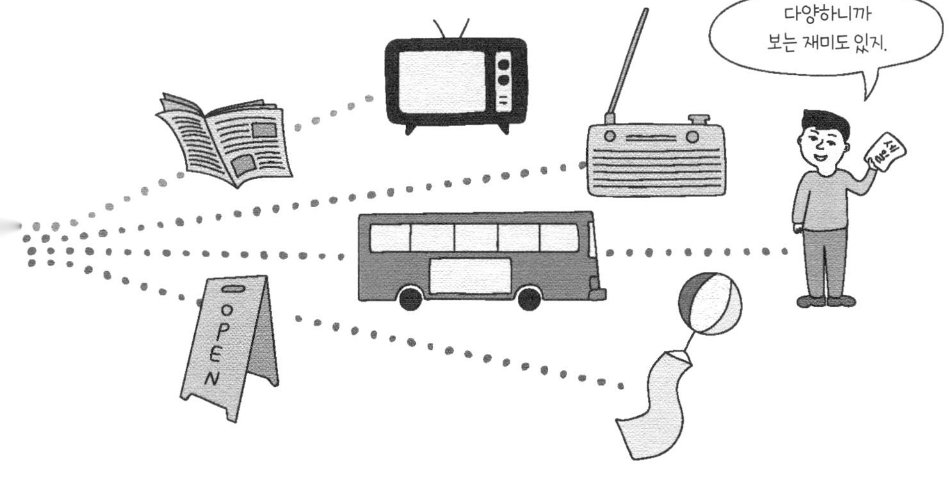

첫 광고, 포스터

포스터(Poster)는 'post(나무 기둥)'에서 유래한 말입니다.

거리에 서 있던 나무 기둥에 붙인 것이 포스터의 출발인 셈이죠.

포스터야말로 인류 역사상 가장 오래된

광고 매체가 아니었을까요?

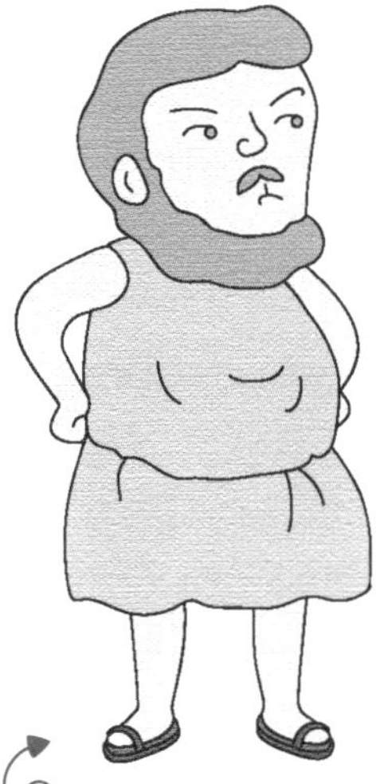

기원전 5천 년 무렵의
이집트 사람

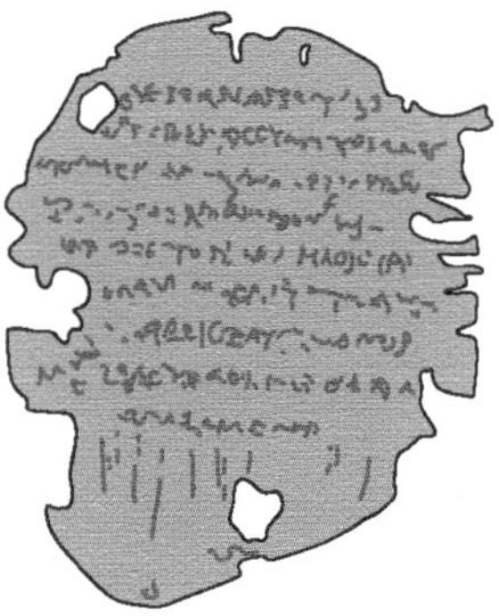

"저는 훌륭한 주인 위버하푸입니다.
그런데 내 노예인 샘이 도망쳤습니다.
그는 작은 키에 혈색은 좋고 눈이 갈색인 히타이트인입니다.
그가 어디 있는지 알려주면 금화 반닢을 드리겠습니다."

포스터를 만들기 위해서는 정보를 기록할 수단이 있어야 했습니다.

파피루스건, 비단이건, 종이건 말이죠.

만일 그러한 수단이 없으면 어떻게 할까요?

서기 79년 베수비오 화산 폭발로 사라졌다가

훗날 발굴된 로마의 도시 폼페이 건물의 벽에서는

아래와 같은 문구가 발견되었습니다.

오늘날의 선거 포스터와 같은 것이 분명합니다.

"루키우스 리셉투스 뒤움비르를 뽑아 주십시오.
아이밀리우스 셀러 올림."

천 년 전, 종이를 처음 발명한 중국에서는
더 나은 방식으로 포스터를 만들었습니다.

중국 송나라 때 바늘 제조업자였던 류씨 집안에서는 고민하고 생각했죠.
“우리 바늘을 어떻게 하면 더 많이 팔 수 있을까?”
“그야 많은 사람에게 알려야겠지.”
그들은 청동판에 아래와 같은 문구를 새긴 후 인쇄해 뿌렸을 것입니다.
바늘을 들고 있는 토끼 그림과 함께요.

“우리는 가정용 고급 강철 바늘을 만듭니다.”

그림에 등장하는 토끼는

인류 최초의 상표라고 볼 수 있습니다.

약 500년 전 임진왜란이라는 큰 난리를 겪던 조선에서도

포스터를 만들어 전국에 배포했습니다.

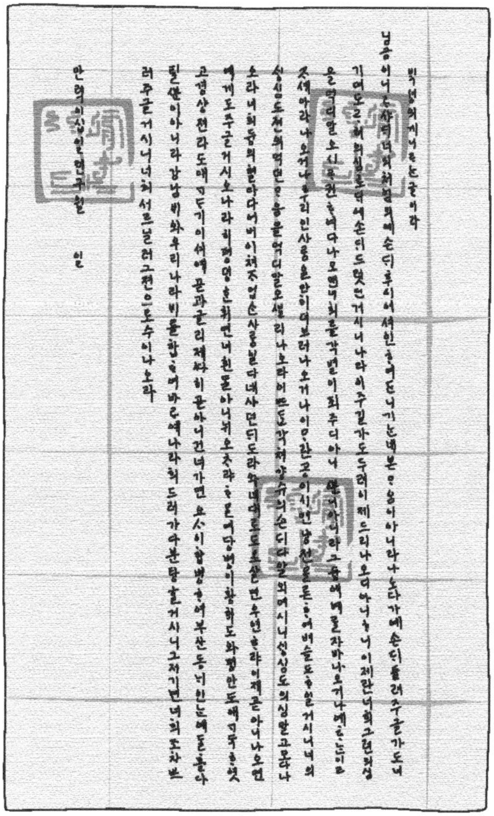

임진왜란 때 선조 임금이 백성들에게 알린 포고문 <선조국문유서>.
보물 제51호로 지정되어 있다. 가로 48.8cm, 세로 75cm로
상당히 커서 오늘날의 포스터나 전단과 같은 역할을 하였다.
또한 이 포고문은 큰 효과를 거두었다.

포스터는 광고를 위한 다른 매체가 등장하기 전까지

가장 대표적인 매체였습니다.

그러나 포스터보다 더 앞선 광고 매체가 있을지도 모르죠.

바로 간판(Signboard)입니다.

물건을 파는 장소 앞에 표시하는 이 매체는

고대부터 존재한 것이 분명합니다.

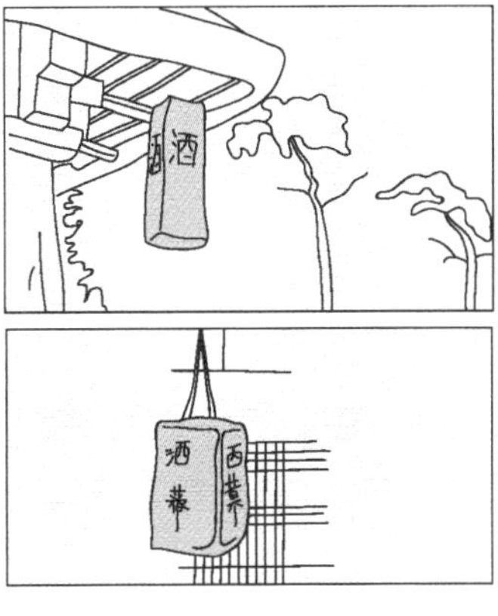

서양은 물론 동양에서도
간판은 좋은 광고였다.
주막(酒幕) 간판을 보면
갑자기 술 생각이 났을 것이다.

간판은 동서양을 막론할 뿐 아니라

오늘날에도 대표적인 광고 수단입니다.

무슨 업종이건 간판을 달지 않은 사업체는 찾기 힘들죠.

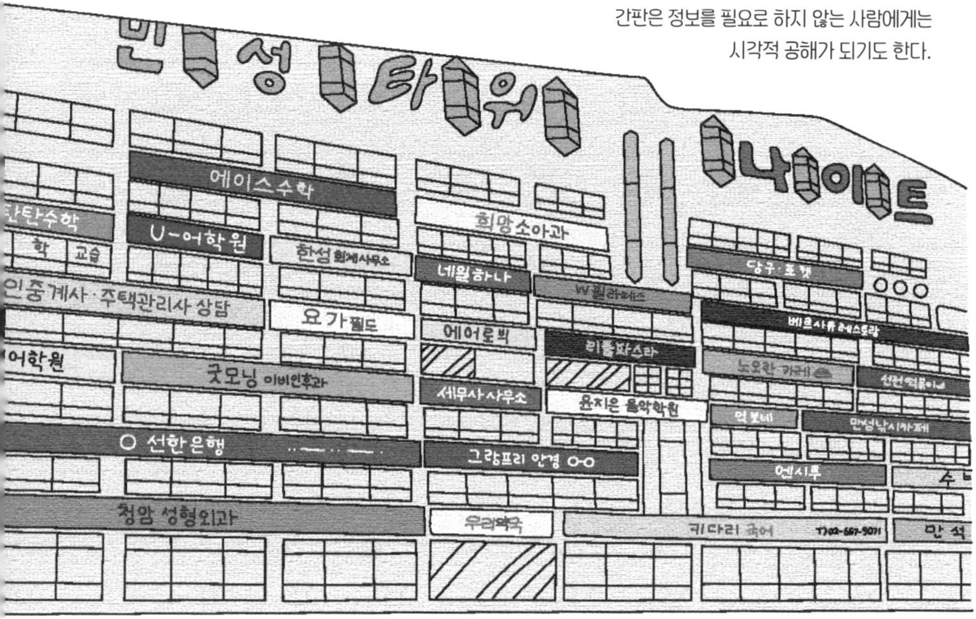

간판은 정보를 필요로 하지 않는 사람에게는
시각적 공해가 되기도 한다.

광고가 난립하면 오히려 광고 효과도 떨어질 뿐 아니라

시민의 삶에도 부정적인 영향을 끼칩니다.

그래서 오늘날 많은 나라에서는 간판 설치에 제약을 가하고 있습니다.

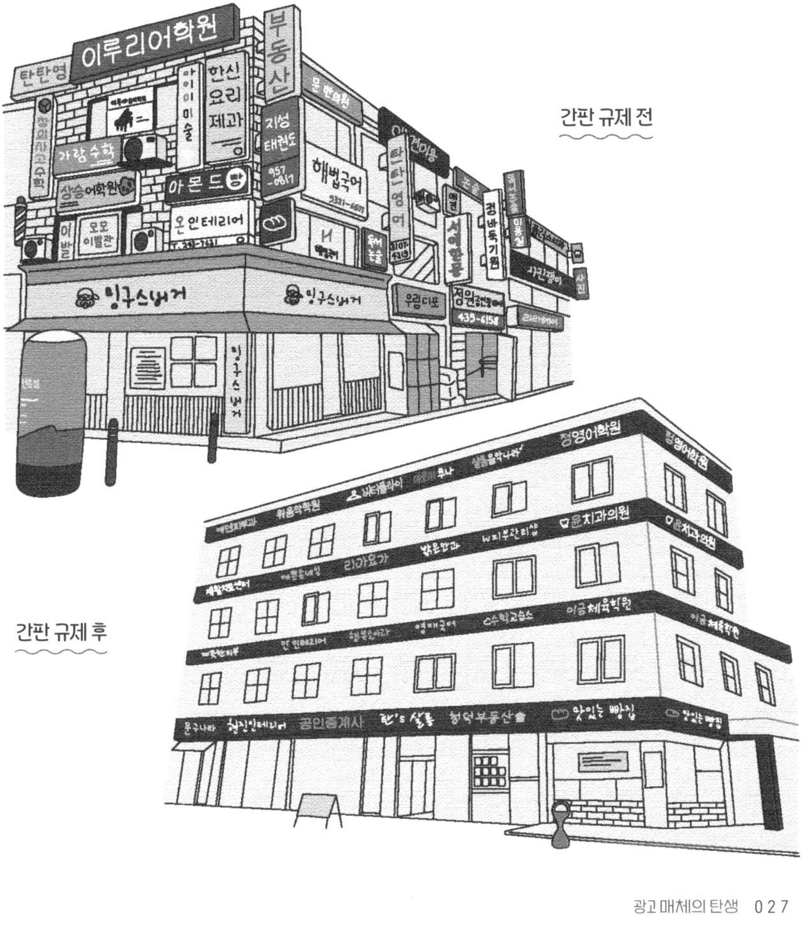

1450년대 초반, 독일의 구텐베르크가
금속활자를 이용한 인쇄술을 서양에서 선보이면서
새로운 광고 매체가 등장하기 시작했습니다.

금속활자는 한반도에서 가장 먼저 발명했습니다.
그러나 인쇄술이 가진 실용성,
즉 대량 인쇄를 통한 정보의 보급이라는 기능을
적절히 활용하지 못했죠.

반면에 처음부터 상업적 목적으로 활판 인쇄술을 개선한 서양에서는
즉시 이 기술을 여러 분야에 활용하기 시작했습니다.

인쇄술이 발달하면서 전단('flyer', 'leaflet', 'handbill' 등을
모두 '전단'으로 번역하는데, 오늘날에는 '팸플릿'이라고도 부른다)이
탄생했고, 그 뒤를 이어 신문과 잡지가 등장합니다.

오늘날 전하는 전단 가운데 가장 오래된 것은 영국의 출판업자 윌리엄 캑스턴(William Caxton, 1422-1491)이 만든 것입니다.

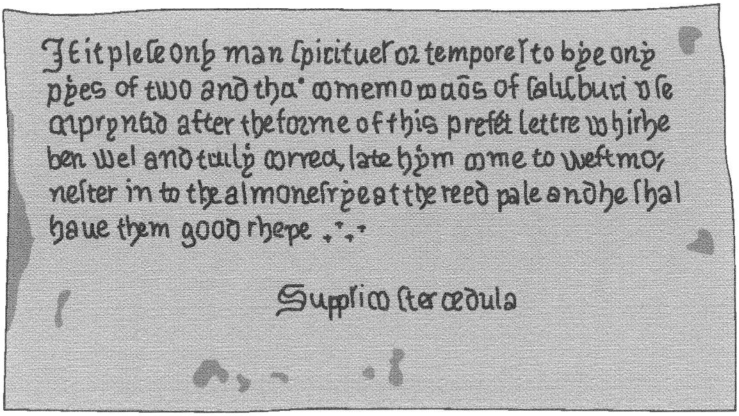

If it plese ony man spirituel or temporel to bye ony
pyes of two and thre comemoracios of salisburi use
enprynted after the forme of this presēt lettre whiche
ben wel and truly correct, late hym come to westmo-
nester in to the almonesrye at the reed pale and he shal
haue them good chepe

Supplico stet cedula

"만약 종교인이건 세속인이건
솔즈베리로부터 이 편지와 같은 기념품 두세 개를 사고자 한다면,
웨스트모로 오십시오. 갈대 말뚝 옆에 있는 구호소에서 값싸게 살 수 있습니다."

신문의 탄생

신문은 오랜 기간 새로운 정보, 즉 뉴스를 전달하는
가장 효과적이고 대중적인 매체였습니다.

최근 들어서는 방송과 인터넷 등 다양한 영상매체에 밀려나는 듯하지만
아직도 뉴스를 생산·보급하는 가장 중요한 매체 가운데 하나죠.

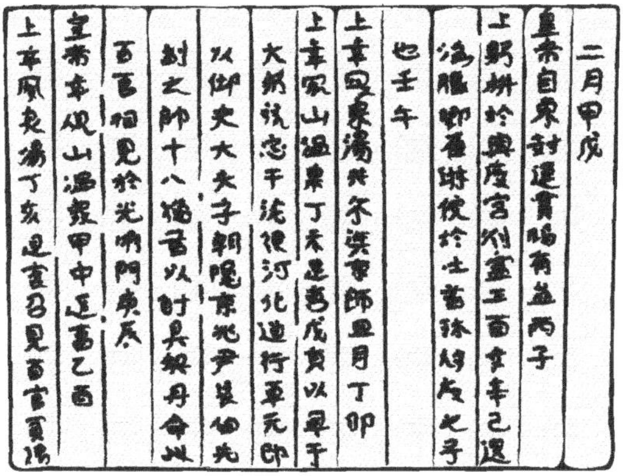
二月甲戌
皇帝自東封還賞賜有差丙子

《개원잡보》라고 부르는 이 궁중 회보는 713년에서 734년 사이에 제작·배포되었는데,
오늘날 중국에서 전하는 가장 오래된 신문 또는 잡지라고 할 수 있다.
그러나 궁중에서 돌려보는 가장 오래된 형태의 인쇄물은 중국 한나라 때
제작된 저보(邸報)를 꼽는다. 서기 3, 4세기 무렵 제작, 배포된
이 인쇄물을 세계 최초의 신문으로 여기는데, 오늘날엔 전하지 않는다.

신문이 처음 태어난 곳은 궁정(宮廷)으로 알려져 있습니다.
나라를 다스리는 데 필요한 정보를 여러 사람이
돌려볼 수 있도록 한 것이죠.
그러던 신문이 시민을 상대로 널리 발행되기 시작한 것은
인쇄술이 발전한 후입니다.
신문의 탄생은 광고 역사에 큰 분기점을 마련하게 됩니다.

Relation:
Aller Fürnem-
men, und gedenckwürdigen
Historien / so sich hin unnd wider
in Hoch unnd Nieder Teutschland / auch
in Franckreich / Italien / Schott und Engelland /
Hispanien / Hungern / Polen / Siebenbürgen /
Wallachey / Moldaw / Türckey / etc. Inn
diesem 1609. Jahr verlauffen
und zutragen möchte.

Alles auff das trewlichst wie
ich solche bekommen und zuwegen
bringen mag / in Truck ver-
fertigen will.

독일 스트라스부르에서 요한 카롤루스가 1605년부터 인쇄한
《모든 특별하고 기억할 만한 소식들의 기록*Relation aller Fürnemmen und gedenckwürdigen Historien*》을
현대적 형태로서는 최초의 신문으로 평가한다.

신문을 발행하기 위해서는 몇 가지 요소가 필요했습니다.

첫째, 정기적으로 발행할 것.

둘째, 늘 일정한 지면의 인쇄물을 발행할 것.

셋째, 발행하고 배포할 비용을 조달할 것.

넷째, 신문을 정기적으로 구독할 시민을 확보할 것.

이 네 가지를 확보하지 못하면 신문을 발행할 수 없었죠.

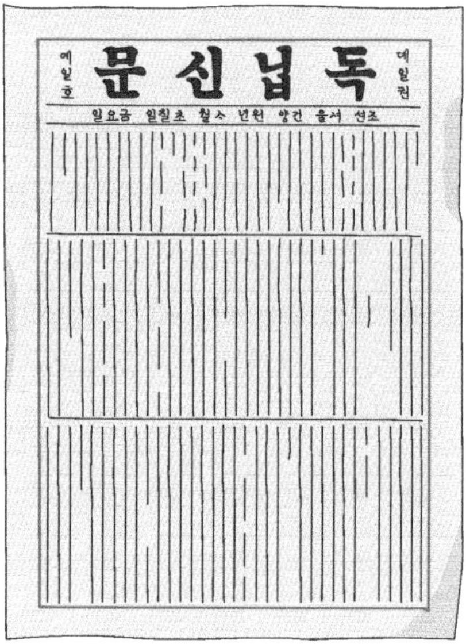

1896년 발행한 《독립신문》 창간호 1면.
광고가 하나도 없다.

처음에는 신문에 광고를 수록할 계획이 없었습니다.

그러나 신문이 탄생하고 얼마 가지 않아

광고가 필수불가결한 존재임이 드러났습니다.

신문에 실을 뉴스의 양이 날마다 같지 않았기 때문이죠.

이에 따라 공간이 남을 때는 광고를 싣거나 다른 내용을 수록해야 했습니다.

결국 신문에는 광고가 필수적으로 따르게 되었습니다.

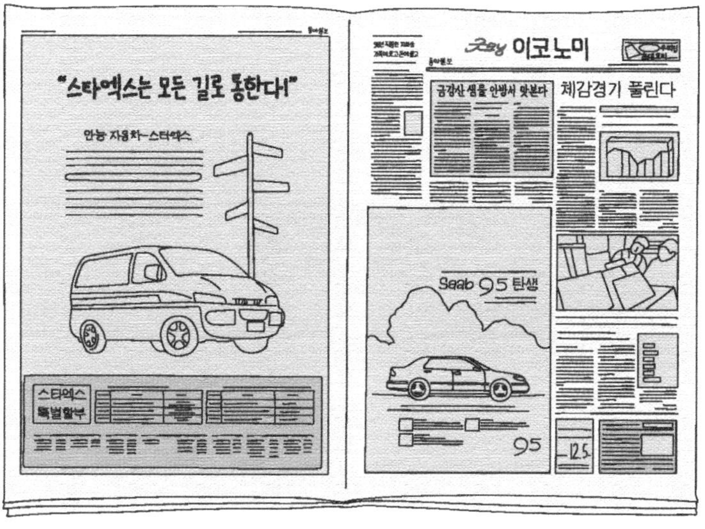

《독립신문》이 창간된 후 100여 년이 지난 오늘날,
대부분 신문은 기사보다 광고가 더 많다.

또 다른 문제도 있었죠.

신문은 정기적으로 발행해야 했는데, 그러기 위해서는

늘 뉴스를 생산할 인력이 필수적이었습니다.

또 빠른 시간 내에 인쇄할 수 있도록 디자인을 하고

판을 만드는 것도 필요했죠.

결국 신문사를 운영하기 위해서는 상당히 많은 비용이 필요했습니다.

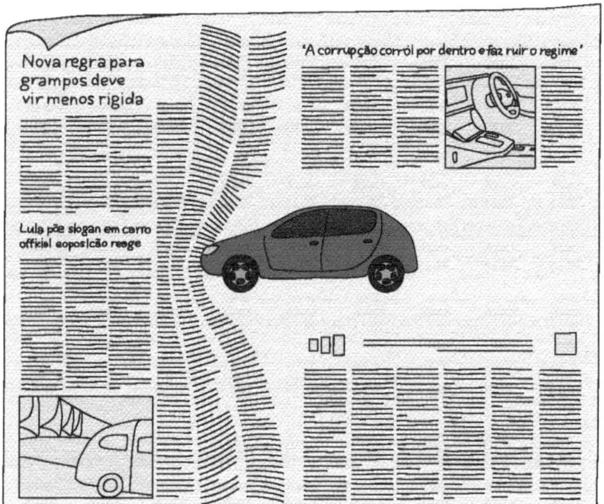

신문은 크기가 크면서도 직접 독자에게 다가간다는 특징을 갖는다.
그런 까닭에 광고 초창기에 신문광고는 어떤 광고보다 중요할 뿐 아니라 창의적이었다.

신문사는 신문을 보는 사람들로부터 구독료를 받았습니다.

그러나 그것만으로는 신문 제작 비용을 감당할 수 없었습니다.

그래서 광고를 싣고 광고비를 받아

신문사 운영에 필요한 자금을 마련하기로 했죠.

신문에 광고가 실리게 된 것입니다.

오늘날 신문은 구독료 수입보다 광고비 수입이 더 큰 것이 일반적입니다.

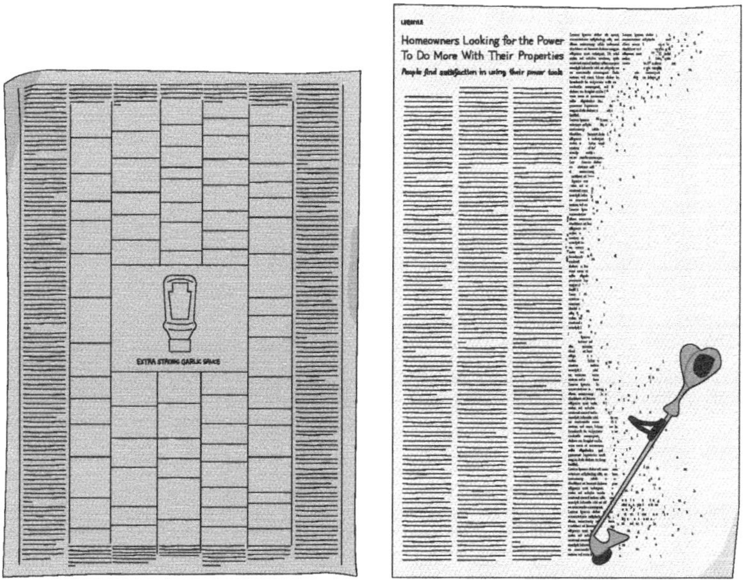

신문은 지면이 넓어서 창의적인 광고를 만들어 게재할 수 있었다.
오른쪽의 진공청소기 광고는 정말 창의적이지 않은가?

신문에 이어 잡지도 곧 탄생하였습니다.

17세기 중반에는 유럽 여러 나라에서 다양한 잡지가

간행되기 시작했습니다.

또 19세기 중반에는 인쇄술과 사진술이 발달하면서

화보 중심의 잡지도 속속 창간되었죠.

1907년 일어난 대한제국 군대 해산을
그림과 함께 보도한 프랑스 매체
《르 쁘띠 주르날*Le Petit Journal*》.
신문과 잡지의 혼합 형태 매체로,
프랑스에서 멀리 떨어진 한반도 상황을
이렇게 크게 보도했다는 것은 그 시대
매체의 국제적 성격을 드러낸다.

잡지는 신문에 비해 발행 주기가 깁니다.

대부분 잡지는 월간이고,
계절에 한 번 내는 계간,
1년에 두 번만 내는 반년간,
1년에 한 번 내는 연간도 있죠.
발행 주기가 긴 만큼 간행에 필요한 인력 또한 적었습니다.

그뿐이 아니었습니다. 잡지는 크기도 작아
발행에 필요한 비용 역시 신문에 비해 적었습니다.

또 잡지는 신문과 달리 특정 분야만을 다루었죠.
이러한 장점 때문에 19세기에 접어들면서
다양한 분야를 다루는 다양한 잡지가 탄생했습니다.

대한민국에서는 1892년에 영국인 선교사 올링거 부부가 《한국 보고*Korean Repository*》라는 잡지를 처음 간행하였습니다.

그 후 여러 선교사들이 잡지를 간행했죠.
1896년에는 독립협회에서 기관지 형식의 잡지 《대조선독립협회 회보》를 간행했습니다.

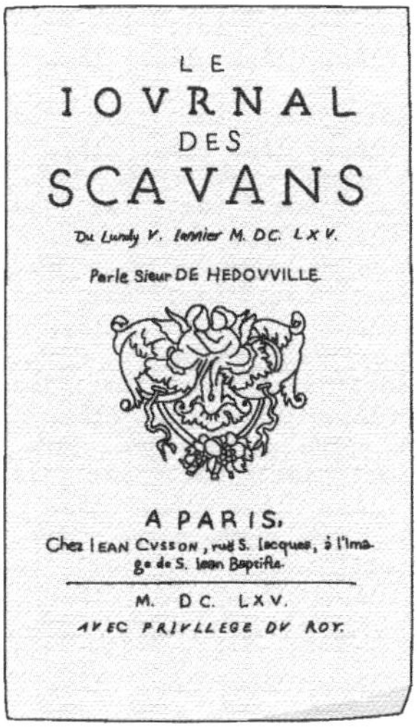

세계 최초의 잡지로 일컫는 프랑스의 《책자 일기*Journal des sçavans*》. 1665년에 창간하였는데, 내용은 유럽 주요국에서 발행한 책자의 소개가 주를 이루었다.

오늘날 '잡지'를 뜻하는 '매거진'이라는 명칭을 처음 사용한 것은 1731년 영국에서 발행한 《신사의 잡지*Gentleman's Magazine*》였다.

잡지들 역시 신문과 마찬가지로 광고를 싣기 시작했습니다.

특히 잡지는 특정 분야를 다루는 경우가 많아,

광고 역시 잡지의 성격에 맞는 내용을 수록했습니다.

여성용 잡지에는 여성을 위한 상품 광고가 효과적이고,

유아를 위한 잡지에는 유아 용품 광고가 효과적이죠.

또 자동차 관련 잡지에는 자동차 관련 용품 광고가 많이 실렸습니다.

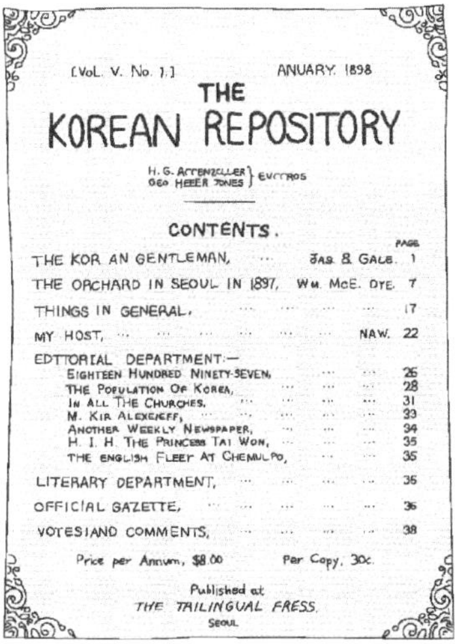
[VoL. V. No. 1.] ANUARY 1898

THE

KOREAN REPOSITORY

H. G. APPENZELLER
GEO HEBER JONES } EDITORS

CONTENTS.

		PAGE
THE KOR AN GENTLEMAN, ...	JAS. S. GALE.	1
THE ORCHARD IN SEOUL IN 1897,	WM. McE. DYE.	7
THINGS IN GENERAL, ...		17
MY HOST, ...	NAW.	22
EDTTORIAL DEPARTMENT:—		
EIGHTEEN HUNDRED NINETY-SEVEN, ...		26
THE POPULATION OF KOREA, ...		28
IN ALL THE CHURCHES, ...		31
M. KIR ALEXEIEFF, ...		33
ANOTHER WEEKLY NEWSPAPER, ...		34
H. I. H. THE PRINCESS TAI WON, ...		35
THE ENGLISH FLEET AT CHEMULPO, ...		35
LITERARY DEPARTMENT, ...		35
OFFICIAL GAZETTE, ...		36
VOTESIAND COMMENTS, ...		38

Price per Annum, $8.00 Per Copy, 30c.

Published at
THE TAILINGUAL FRESS.
SEOUL

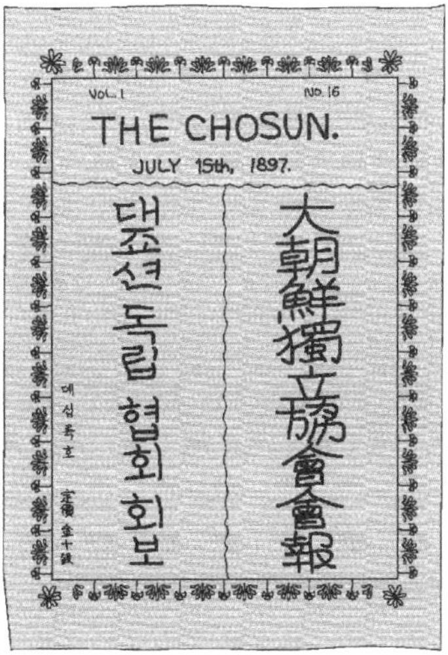

우리나라에서 처음 간행한 잡지 《한국 보고》(왼쪽).
독립협회에서 간행한 잡지 《대조선독립협회 회보》(오른쪽).

쿠폰

쿠폰(Coupon)은 '어떤 상품이나 서비스를 할인 가격,
또는 무료로 제공하겠다는 표'를 말합니다.
쿠폰을 처음 사용한 것은 1887년 무렵, 미국 코카콜라사였죠.

이 새로운 방식의 광고가 성공을 거두고 나니
다른 회사들도 앞다투어 사용하기 시작했습니다.
또 쿠폰이 효과를 거두자, 아예 여러 상품을 위한 쿠폰만 모아 만든
'쿠폰북'까지 등장했습니다.

"이 표를 가져오시면 언제 어디서든 진짜 코카콜라를 한 잔 드리겠습니다."

인터넷과 모바일 기기가 생활화되면서 이제는 기업들이

할인 쿠폰을 실시간으로 제공하는 행사도 가능해졌죠.

소비자들이 특정 제품을 구입할 때 할인 쿠폰부터

찾는 것도 모바일 기기 덕분입니다.

그래서 시간이 흐를수록 할인 혜택 없이 제품을 사는 사람은

시대에 뒤처진 사람 취급을 받습니다.

쿠폰북은 여러 회사가 제공하는 쿠폰을 모아 소비자에게
배포하는 책이다. 소비자들은 수많은 쿠폰이 담긴
이 책을 통해 다양한 회사의 서비스를 누릴 수 있다.

스마트폰이 필수품이 되면서
쿠폰 어플리케이션 역시
생활필수품이 되었다.

카탈로그와 팸플릿

15세기에 이탈리아 출판업자인
알두스 마누티우스(Aldus Manutius, ?-1515)는
그가 출판한 책의 목록을 담은 카탈로그(Catalogue)를 제작·배포했습니다.
인류 최초로 자신의 상품을 판매할 목적으로
제작·배포한 카탈로그가 탄생한 것이죠.

수천 개의 제품 목록과 그림이 담긴 두툼한 카탈로그는
19세기 후반에 제작·배포되었습니다.

무려 240쪽에 달하는 카탈로그를 만든 이는
미국의 사업가 애런 몽고메리(Aaron Montgomery Ward,
1843?-1913)였습니다.

최근에는 기업 소개 카탈로그, 제품 소개 카탈로그,

행사 소개 카탈로그 등 다양한 카탈로그가 제작되고 있습니다.

그뿐이 아닙니다.

음악회나 전시회 등 다양한 예술 활동을

널리 알리는 데에도 카탈로그 또는 그와 비슷한 기능을 하면서 얇은

팸플릿(Pamphlet)이 필수적이죠.

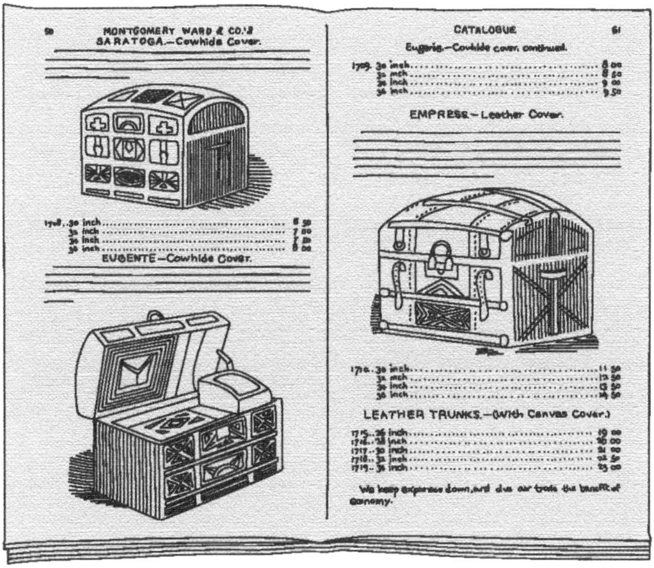

애런 몽고메리가 제작·배포한 240쪽짜리 카탈로그 내부.
수많은 제품과 그 모양, 가격 등이 상세히 담겨 있다.

광고대행사의 모든 것

WPP

IPG

OmnicomGroup

dentsu

PUBLICIS GROUPE

광고대행사의 탄생

오늘날 광고를 기획·제작·운용하는 업무는
주로 광고대행사가 담당합니다.

광고 기획은 특정 제품에 대한 광고를
어떤 전략 아래 어떤 내용으로 할 것인지,
또 신문이나 잡지 같은 인쇄 매체와 텔레비전과 영화 같은 전파 매체에
어떤 비율로 광고를 할 것인지 등을 결정하는 것입니다.

제작은 신문에 실을 광고를 제작하거나
텔레비전에 방영할 광고를 제작하는 것을 말합니다.
그 외에 네온사인이나 간판, 포스터, 인터넷 광고 등도 제작합니다.

운용은 광고 예산에 맞추어 광고를 어떤 매체에
어떤 시기에 할 것인지를 결정하는 것입니다.

왜 회사들은 스스로 광고를 하지 않고
광고대행사를 이용하는 것일까요?
규모가 큰 기업의 경우에는 광고와 관련해
해야 할 일이 무척 많기 때문입니다.

우선 생산하는 제품 종류가 무척 많습니다.
회사 내에서 생산하는 수많은 제품에 대해
각기 다른 광고 계획을 치밀하게 세우기는 쉽지 않죠.

또 광고를 만들고 집행하는 데에도 많은 전문가가 필요합니다.
시대가 복잡하게 변하면서 광고 또한
인쇄 매체와 전파 매체 외에도 인터넷 매체, 동영상 매체,
나아가 판매 촉진 활동, 사회 공헌 활동, 협찬 등
수많은 방식으로 발전하고 있습니다.

그런데 이런 전문가를 모두
회사에서 고용하려면 많은 비용이 필요합니다.

반면에 광고대행사를 활용하면 더 적은 비용으로
다양한 광고 전문가들을 활용할 수 있죠.

또 광고를 한 후에는 효과도 측정해 보아야 합니다.
그런 일을 하는 조직을 한 회사에서 운영하기는 어려운데,
광고대행사는 많은 회사의 경우를 전문적으로
다루기 때문에 경제적이고 효과적입니다.

초창기 광고대행사는 오늘날과는 사뭇 달랐죠.

처음 광고대행 업무를 한 사람은

1786년 영국에서 활동한 윌리엄 테일러로 알려져 있습니다.

초창기 광고대행사는 신문사와 계약하여 일정한 지면을

매우 싸게 사들였습니다. 그런 다음 그 지면을 광고주의 필요에 따라

잘라 파는 역할을 했죠. 약간의 수수료를 붙여서요.

우리는 광고 지면을 얼마나 배치해야 할까, 어떻게 광고를 팔아야 할까 고민하지 않아도 되니 좋아. 물론 값은 조금 싸게 팔았지만 일정 기간 동안은 광고 지면이 결정될 뿐 아니라 광고 수입을 고민하지 않아도 되거든.
신문사 사장
우리는 회사가 작아서 신문사에 연락해도 달가워하지 않았는데, 광고대행사는 작은 광고도 소중히 여기니 참 다행이야.
소규모 광고주

그렇게 출발한 광고대행사는

시간이 지나면서 점차 다양한 업무를

대행하게 되었습니다.

1800년에는 제임스 화이트(James White, 1775-1820)라는 인물이

런던에 'R. F. White & Son Ltd.'라는 회사를 설립했죠.

그는 광고와 관련된 다양한 업무까지 대행하였고,

최초의 광고대행사 설립자로 인정받고 있습니다.

오늘날 광고대행사는 광고의 모든 것,
즉 광고의 기획에서 제작, 집행은 물론 홍보(PR),
프로모션(판매촉진과 관련한 다양한 활동) 활동까지 담당합니다.

그에 관련한 비용은 광고주로부터 받는 경우도 있고,
광고를 집행한 매체로부터 받는 경우도 있죠.

오늘날 광고의 95% 정도가 광고대행사를 통한다고 알려져 있습니다.

PUBLICIS GROUPE

WPP

OmnicomGroup

IPG

dentsu

오늘날 활동하는 세계적인 광고대행사들.

광고 기법의
모든 것

과학적 광고의 시작

기업들이 신제품을 많이 개발하고, 더 많은 기업이 경쟁을 시작하자 광고의 중요성은 커졌습니다.

그에 맞추어 광고대행사를 필요로 하는 기업도 늘어만 갔죠.

이에 광고대행사들은 조직을 키우고 본격적으로 활동을 시작했습니다.

광고대행사들은 이전 광고와는 다른

다양한 방식의 광고 기법을 개발하였습니다.

그런 과정을 거쳐 과학적 광고의 시대가 열렸죠.

미국에서 활동한 클로드 홉킨스(Claude C. Hopkins, 1866–1932)는

광고에 과학적 기법을 사용한 최초의 인물로 알려져 있습니다.

클로드 홉킨스는 펩소던트 치약 광고를 통해, 오늘날 모든 사람들이 당연한 것으로 여기는 칫솔질을 널리 알린 것으로 유명하다. 또 그는 치약을 조사하는 과정에서 치석을 발견했다. 그리고 치석 제거에 대한 광고를 실시해 큰 성과를 거두었다.

그러나 진정 '광고의 아버지'라고 불릴 만한 사람은

앨버트 래스커(Albert Davis Lasker, 1880-1952)였죠.

그는 다수의 카피라이터를 고용하여 독특한 조직을 구성했습니다.
그런 후 광고 효과를 분석했고, 매체 특성을 연구했으며,
신문지면 가운데 어디에 광고를 내는 게 효과 있는지 등을 조사했습니다.
그야말로 광고대행사의 초기 모습을 만든 사람이라 할 만하죠.

앨버트 래스커는 광고의 아버지라 불릴 만한 인물이었다.
그는 미국 프로야구단인 시카고 컵스의 구단주를 지내기도 했다.

전쟁과 광고

광고가 본격적으로 발전할 무렵 제1차 세계대전이 발발했습니다.
제1차 세계대전은 광고의 역사에도 새로운 변화를 가져왔죠.
바로 선전(프로파간다, Propaganda)이 광고의 세계로 스며든 것입니다.
선전(宣傳)은 한자로 '널리 전한다'라는 뜻입니다.
국어사전에는 '주의나 주장, 사물의 존재, 효능 따위를
많은 사람이 알고 이해하도록 잘 설명하여
널리 알리는 일'이라고 설명합니다.

그러나 선전은 훨씬 더 깊은 뜻을 품고 있습니다.
프로파간다는 '신앙의 보급'을 뜻하는 라틴어
'데 프로파간다 피데'에서 유래했죠.

그 후 프로파간다는 종교적 의미를 뛰어넘어
도덕·정치·사상·경제 등 광범한 분야에서
특정한 주장을 널리 전하는 활동을 뜻합니다.

그 가운데 상품을 널리 알리는 활동을 '상업 선전', 즉 '광고'라고 합니다.

그러니까 광고는 선전의 일부인 셈이죠.

1914년, 영국의 국방장관 키치너(Horatio Herbert Kitchener, 1850-1916)는 지원병을 모집하는 포스터를 직접 제작하였습니다.

훗날 미국의 예술가이자 삽화가인

플래그(J.M.Flagg, 1877-1960)는 이렇게 말했습니다.

키치너는 1914년 자신이 직접 등장하는 포스터를 제작해 사용했다.
군대에 지원하라는 내용을 담고 있는데, 이미지와 내용이 매우 강압적이다.

미국인 플래그도 이 방식을 사용하기로 하고 1917년에 '엉클 샘'으로 널리 알려진 포스터를 제작·배포하였다.
이 포스터에 등장하는 인물은 제대 군인인 월터 보츠였다.

"내가 겁을 먹고 있어서 이런 포스터를 만들었지.
결과적으로 많은 젊은이를 죽음의 땅으로 내몬 꼴이 되었어."

제1차 세계대전이 끝난 후에도
전쟁은 광고와 밀접한 관련을 맺게 되었습니다.

한반도를 강점한 일본은
전쟁을 활용한 광고를 적극적으로 활용했다.

《경성일보》 1918년 10월 7일자.
일본군에게 은단을 넣은
위문품을 보내자는 내용이다.
은단과 전쟁을 결합한 것이다.

《매일신보》 1943년 4월 9일자.
우리에게도 널리 알려진 맨소레담이라는
근육 치료제를 위문품으로 보내자는 광고로,
제2차 세계대전 때의 것이다.

그 후 광고는 거침없이 영역을 확장시켜 나갔죠.

1911년 남성들의 독무대였던 광고계에 한 여성이 등장했습니다.
헬렌 랜스다운(Helen Lansdowne Resor, 1886–1964)은
그 시대로서는 놀라운 광고 한 편을 선보였습니다.

'만지고 싶은 피부'라는 카피의 이 광고는 우드베리 비누를 위한 것인데,
광고에 최초로 성적 유혹을 담은 사례다.

그녀가 만든 이 광고는 이후 성을 상품화한 사례의 출발점이 되었습니다.

그리고 오늘날 광고는 남성과 여성을 막론하고

성을 상품화하는 데 거리낌이 없죠.

오늘날 광고는 성을 상품화한다는 논란에도 아랑곳하지 않고
성을 이용하는 데 거리낌이 없다.

조사의 도입

포스툼(Postum)이라는 제품은 카페인이 든 커피에 부작용을 느끼는 사람들을 위해 개발했습니다.

이 제품의 광고를 담당한 레이먼드 루비컴은 이 제품을 소비자들이 어떻게 받아들일지 궁금했죠.

조사를 실시한 결과 소비자들은 비카페인 음료가 아니라
맛있는 음료라고 여긴다는 사실을 알게 되었습니다.

그는 새로운 광고를 만들었습니다.
포스튬의 기능을 알리는 대신,
소비자들이 원하는 방향으로 광고 컨셉을 변경한 것이죠.
그러자 제품의 매출이 급격히 증가하였습니다.

카페인이 0인 것을 강조한 광고(왼쪽)와, 더 즐거운 삶과 행복을 전한다는 광고(오른쪽).

이후 루비컴은 조사의 중요성을 깨닫고

대학교수인 조지 갤럽(George Gallup, 1901–1984)을 영입했습니다.

조지 갤럽은 회사 내에 여론연구소를 설립했죠.

그때부터 광고에 여론조사를 활용하기 시작했습니다.

오늘날 여론조사는 광고뿐 아니라

정치, 경제, 사회, 문화 등 사회 전반에 걸쳐 이루어집니다.

또한, 여론조사 결과는 기업뿐 아니라

한 나라의 정책 결정에도 큰 영향을 끼칩니다.

크리에이티브 혁명

크리에이티브(Creative)는 '창조적'이라는 뜻입니다.

1960년대 중반, 광고인들 사이에 '크리에이티브 혁명'이라는 표현이 탄생했습니다. 그때까지 광고는, 제품의 특성을 논리적으로 설명하는 것이 가장 중요했습니다.

그러나 몇몇 광고인들의 생각은 달랐죠.

광고는 제품을 논리적으로 소개하는 것보다
그 제품 고유의 정체성을 알리는 게 더 중요하다고 여긴 것입니다.
이렇게 해서 크리에이티브 혁명이 광고업계에 불기 시작했습니다.

데이비드 오길비는 역사에 남는 두 개의 광고로 유명하다.
하나는 해서웨이 셔츠 광고이고, 다른 하나는 롤스로이스 자동차 광고이다.
롤스로이스 자동차 광고의 헤드카피는 오늘날에도 유명하다.

"시속 60마일로 달리는 신형 롤스로이스에서 나는 가장 큰 소음은 전자시계의 톡톡 소리다."

진정한 창조자, 윌리엄 번벅

그러나 오길비의 코를 납작하게 만든 창조자가 나타났습니다. 윌리엄 번벅(William Bernbach, 1911-1982)은 모든 면에서 관행을 깨고자 했죠. 그는 〈크리에이티브 혁명 선언 *Manifesto for the Creative Revolution*〉이라는 글을 발표했습니다.

"레비스 빵을 먹기 위해 유대인이 될 필요는 없습니다."
번벅은 레비스 베이커리 광고에 처음으로 유색인을 등장시켰다.
그때까지 레비스의 호밀빵은 유대인을 위한 것으로 인식되었기 때문이다.

번벅의 창의력은 폭스바겐사의 승용차
'비틀'에서 더욱 빛을 발하였다.
'작은 차'라는 점을 부각하기 위해
'작게 생각하라(Think small)'라는 제목 위에
승용차를 작게 배치했다.

레몬 광고는 더욱 파격적이었다.
'레몬'은 '불량 차량'을 뜻하는 비속어였다.
그는 이 비속어를 비틀 차량 광고에 사용했다.
"이 차량은 품질 검사를 통과하지 못한 레몬(lemon)입니다. 조수석 사물함에 흠집이 있거든요."
'우리는 언제나 완전한 차량만을 출시합니다.'
라는 문구와 비교하면 창의적 카피의 힘을
알 수 있다.

캐릭터

캐릭터(Character)는 다양한 의미로 사용하고 있습니다.

영화에서는 등장인물의 특성을 가리키고,

디자인에서는 상품의 특징을 가리키기도 합니다.

광고에서는 특정한 상품을 대표하는 인물 또는

가공의 존재, 동물, 사진, 그림 등을 통틀어 가리킵니다.

레오 버넷은 오늘날까지 논란의 중심에 있는
담배와 카우보이 캐릭터를 연결한 말보로 광고로 유명하다.

캐릭터의 중요성을 처음 인식한 인물이

레오 버넷(Leo Burnett, 1891–1971)이었습니다.

그는 말보로 광고로 인해 유명해졌지만, 동시에

담배를 널리 퍼뜨린 주범이라는 비난도 받아야 했죠.

광고가 성공하면서 명성을 얻고, 악명까지 덤으로 얻은 셈입니다.

레오 버넷은 그 무렵
여러 상품을 대표하는 캐릭터를
개발·활용한 것으로 유명하다.

레오 버넷

호랑이와 시리얼을 연결한 광고는
오늘날까지 유명하다.
어린이들은 이 호랑이를 보면 우유와
함께 이 시리얼 제품을 연상한다.
이야말로 캐릭터를 통해 제품을
광고하는 좋은 예이다.

브랜드의 탄생

브랜드(Brand)는 단순한 상표만을 가리키지 않습니다.
사전에 따르면 브랜드는 '사업자가 자기 상품에 사용하는
기호·문자·도형 따위의 일정한 표지'입니다.
자기 상품을 다른 상품과 구별하기 위해 사용한 브랜드는
오늘날 그 자체만으로도 엄청난 가치를 지니는 것으로 여기죠.
유명 브랜드는 특별히 설명하지 않아도 그 제품이 어떤 기능을 하며
가격이 얼마나 하는지 대부분 소비자가 알고 있습니다.
브랜드의 탄생은 오래전으로 거슬러 올라갑니다.

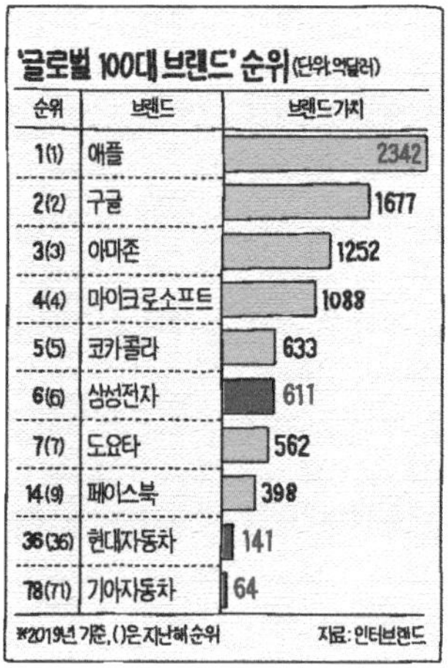
'글로벌 100대 브랜드' 순위(단위: 억달러)

순위	브랜드	브랜드 가치
1(1)	애플	2342
2(2)	구글	1677
3(3)	아마존	1252
4(4)	마이크로소프트	1088
5(5)	코카콜라	633
6(6)	삼성전자	611
7(7)	도요타	562
14(9)	페이스북	398
36(36)	현대자동차	141
78(71)	기아자동차	64

※2019년 기준, ( )은 지난해 순위 자료: 인터브랜드

오늘날 세계에서 가장 가치가 높은 브랜드는 미국 애플사인데, 애플사의 브랜드는 'Apple'이라는 회사명일 뿐 아니라, '한쪽을 베어 먹은 사과 모양'이기도 하다.

세계 최초의 브랜드라고 할 수 있는 맥주 회사 브랜드다.

오늘날 많은 사람이 즐겨 마시는

'스텔라 아르투아(STELLA ARTOIS)'와 '뢰벤브로이(Löwenbräu)' 맥주는

각각 1366년, 1383년에 탄생했습니다. 600년이 훨씬 넘은 것이죠.

소비자들은 이 맥주 상표를 보는 순간 마시지 않아도

어떤 맛인지 알 수 있으며, 그 맥주가 주는 느낌까지 압니다.

이것이 브랜드의 힘입니다.

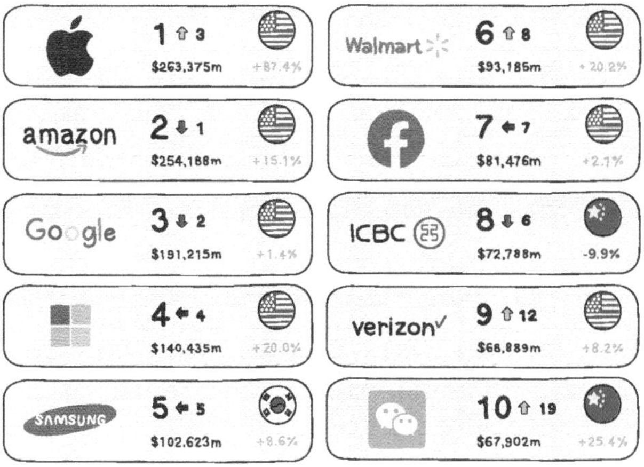

브랜드는 상품도 아니고 서비스도 아니지만 그 브랜드만 붙으면 잘 팔린다는 뜻에서 매우 높은 가치를 지니는 것으로 평가한다.

브랜드의 힘

세계적인 자동차 강국 대한민국에서 독일, 영국 등
외제 승용차를 타는 사람들에게는 두 가지 심리가 있습니다.
안전하고 성능이 좋아서 타는 사람도 있겠지만,
남에게 성공한 사람으로 보이기 위해 타는 사람이 더 많을지도 모르죠.

세계적으로 유명한 명품 핸드백을 매는 사람도 마찬가지입니다.

이것이 브랜드의 가치입니다.

이때 외제 자동차와 명품 핸드백을 사는 사람들은

그 제품이 갖는 사용가치보다 더 비싼 값을 기꺼이 냅니다.

그 제품의 브랜드가 가진 힘이 그만큼 가치가 있다고 믿기 때문이죠.

1960년대 대한민국에서는 화학조미료 전쟁이 벌어졌습니다.
일본에서 처음 개발한 화학조미료는 일제강점기에 처음 소개되었죠.
그 후 광복과 함께 우리나라 제품 '미원'이라는 브랜드가
처음 선을 보인 이래 미풍, 맛나니, 미왕, 일미, 미영 등
수많은 제품이 선을 보였습니다.
제품들 간의 품질 차이는 거의 없었습니다.
모든 화학조미료의 원재료는 MSG(글루탐산나트륨)이기 때문이죠.

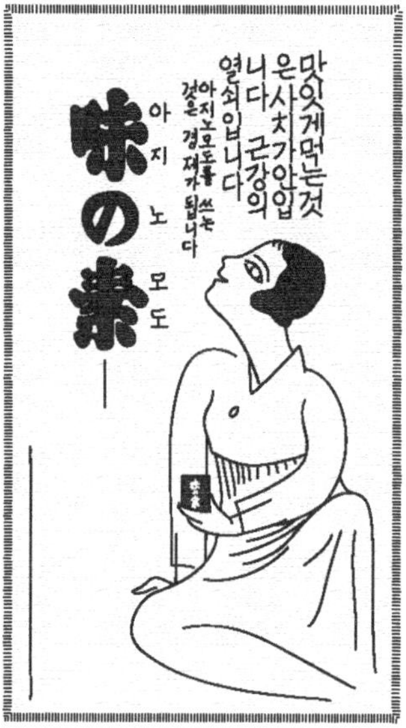

**"맛있게 먹는 것은 사치가 아닙니다.
건강의 열쇠입니다."**
일제강점기에 나온 화학조미료
아지노모도의 1930년대 광고.

소비자들은 각 제품의 품질 대신 브랜드를 선택했습니다.

그리고 그 승자는 미원이었죠.

오늘날에도 화학조미료는 '조미료'라는 보통명사 대신

'미원'이라는 고유명사로 불리고 있습니다.

이러한 사례는 무척 많습니다.

최근 들어서는 한 회사 내에서도

다른 브랜드를 출시하는 경향이 나타나고 있습니다.

앞서 살펴본 것처럼 널리 알려진 브랜드는

소비자들에게 커다란 힘을 갖죠.

그래서 기존 브랜드가 유명한 경우

새로운 브랜드를 붙이는 것은 큰 모험입니다.

그럼에도 위험을 무릅쓰고 새 브랜드를 출시하는 데는

그만한 까닭이 있습니다.

일본의 자동차 회사 토요타는 기존 토요타 브랜드 외에 고급 승용차에는 '렉서스'라는 상표를 붙인다.
렉서스에는 토요타라는 이름도 붙이지 않는다. 기존 승용차와 완전히 다른 차라는 인식을 주기 위해서다.

첫째, 한 회사에서 비슷한 제품이 나오는 경우입니다.

이때는 자칫하면 자기 회사 제품끼리 경쟁할 수 있습니다.

이런 경우 두 제품을 차별화하기 위해 새로운 브랜드를 붙입니다.

둘째, 한 회사에서 새로운 제품을 출시해서 소비자에게

새롭다는 인식을 강하게 주고자 할 때 사용합니다.

오늘날 많은 회사들은 자신들이 만든 제품의 장점을 알리기보다는

브랜드의 힘을 알리는 데 광고를 이용합니다.

한국의 현대자동차도 고급 승용차 시리즈를 출시하면서, 현대자동차 대신
'제네시스'라는 브랜드를 붙였다. 렉서스의 경우와 같은 이유에서다.

브랜드와 트레이드마크

우리는 종종 '브랜드'와 '트레이드마크(Trademark)', 즉 '상표'를 혼동합니다. 사전에서는 트레이드마크를 '한 상품을 다른 상품과 구별하기 위하여 사용하는 표시'라고 하며, '상표(商標)'로 번역합니다. 얼핏 보면 별 차이가 없이 보이지만, 상표와 브랜드는 분명히 다릅니다. 상표에는 눈에 보이는 이미지, 들을 수 있는 호칭, 특정한 표시 등이 포함되며, 상표는 법적 보호를 받습니다. 그러나 브랜드에는 눈에 보이지 않는 사회적 이미지, 소비자의 경험, 사회 구성원이 공동으로 소유하는 개념 등도 포함되죠. 이러한 요소들은 무형의 것으로, 표시할 수 없습니다.

이 상표들을 보면 많은 사람이 '마이크로소프트'와 '페이스북'이라는 브랜드를 저절로 떠올린다. 하지만, '마이크로소프트'와 '페이스북'을 듣고, 이 상표를 떠올리는 사람은 별로 많지 않다.

브랜드와 슬로건

최근에는 브랜드와 함께 슬로건(Slogan)을 사용하는 경우가 늘고 있습니다. 슬로건은 '상품 또는 회사가 소비자에게 전하고자 하는 주의·주장·특성 따위를 간결하게 나타낸 짧은 어구'를 말합니다. 슬로건을 처음 사용한 것은 아이보리 비누로 알려져 있죠.

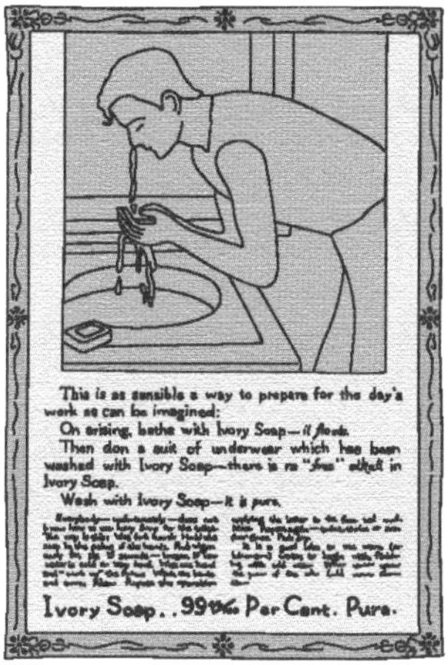

아이보리 비누는 초창기에 "아이보리 비누-99.44% 순수(Ivory Soap-99 44/100% Pure)"라는 슬로건을 사용하여 큰 성공을 거두었다. 그 후에는 "물에 뜹니다(It Floats)."라는 슬로건을 사용했다. 오늘날에도 아이보리 비누는 물에 뜨는 비누로 유명하다.

오늘날 많은 회사들이 슬로건을 사용하고 있습니다.

그리고 소비자들은 특정 브랜드를 떠올리는 순간

자연스럽게 슬로건을 기억하죠.

JUST DO IT.

McDonald's

i'm lovin' it

나이키, 맥도널드 같은 다국적 기업들 대부분이
영어로 된 슬로건을 브랜드와 함께 사용한다.

PPL= 간접광고

간접광고(Indirect Advertising)의 법적 정의는 '방송 프로그램 안에서 상품을 소품으로 활용하여 그 상품을 노출시키는 형태의 광고'입니다.

오늘날에는 간접광고라는 용어 대신 'PPL(Product Placement)'이라는 말을 자주 쓰는데, 이는 어떤 면에서 타당하죠. PPL을 번역하면 '상품 배치'이기 때문입니다.

PPL이 처음 등장할 때만 해도, 시청자들이 유심히 보지 않으면 광고인지 아닌지 구분하기 힘들어서 간접광고라고 할 만했습니다.

이 장면이 중국의 京东(JD.COM) 광고가 아니라고 여기는 시청자가 있을까? 참고로 이 드라마는 한국 드라마다.

그러나 영화나 텔레비전 속 PPL이 광고보다 더 효과적이라는 사실을 깨닫자, 이내 PPL은 간접광고라고는 할 수 없을 정도로 노골화되었습니다.

따라서 이제 간접광고라는 말은 '상품 배치 광고'로 대체하는 것이 당연합니다. PPL의 방법 또한 다양하죠. 그리고 그 방법은 PPL을 위해 지급하는 광고비가 얼마인지에 따라 결정합니다.
광고비를 많이 내면 영화나 드라마 자체보다 PPL이 중시되기도 합니다.

얼핏 보면 흔한 예능 프로그램의 한 장면이지만,
라면 상표를 노골적으로 드러낸 라면 광고이기도 하다.

협찬

협찬(Sponsor)은 특정 행사 등에
재정적인 도움을 주는 것을 가리킵니다.

협찬은 일상적으로 행하는 것이 아니라 특별한 행사,
이를테면 스포츠 행사나 전시회, 방송국의 대형 공연 등에 사용하죠.
협찬은 물품 또는 금액으로 행하는데, 대표적인 경우가
올림픽과 월드컵 등 세계적인 스포츠 행사 협찬입니다.

2020 도쿄올림픽에서 대한민국 여자 배구 대표팀 유니폼에는
대한민국 은행과 일본 스포츠 용품 회사 마크가 동시에 들어가 있다.

가상광고

새로운 기술의 발전에 맞추어 탄생한 광고가
가상광고(Virtual Advertising)입니다.

가상(假想)은 '거짓된 것을 상상을 통해 실재처럼 여기는 것'으로,
가상광고란 '컴퓨터 기술을 이용해 없는 것을 있는 것처럼
보여 주는 광고'를 말하죠. 최근 들어 텔레비전에는
가상광고가 자주 등장합니다.

이제는 텔레비전을 보면서 광고를 피할 수가 없다.
프로그램 중에 끊임없이 가상광고가 등장하기 때문이다.
소비자는 프로그램을 보는 것이 아니라 광고를 보는 것인지도 모른다.

비교광고

비교광고(Comparative Advertising)는
경쟁 상품과 비교해서 자사 상품의 우월한 점을 알리는 광고입니다.
비교광고가 처음 등장한 것은 20세기가 시작된 이후죠.
광고의 역사에서 비교적 최근인데,
이는 비교광고가 그만큼 발전한 형태라는 말입니다.

비교광고는 장단점을 고루 갖추고 있습니다.
따라서 잘못 사용하면 광고를 안 하느니만 못한 결과를
초래할 수도 있습니다.

비교광고는 경쟁사 제품을 등장시킵니다.
따라서 소비자에게 경쟁사 제품도 소개할 수밖에 없어,
경쟁사 제품을 광고해 주는 위험을 안는 셈이죠.
또 비교를 통해 오히려 자사 제품의 단점이 부각될 수도 있습니다.
비교광고를 잘못하면 남의 제품을 비난이나 하는
나쁜 회사라는 이미지를 줄 수도 있습니다.

그러나 강력한 경쟁자를 상대해야 하는 신제품 또는 후발주자에게

비교광고는 기회이기도 합니다.

우선, 강자와의 비교를 통해 순식간에 대등한 위치에 오를 수가 있죠.

소비자에게 논리적인 비교를 통해

자사 제품의 장점을 효과적으로 전달할 수도 있습니다.

그래서 비교광고는 업계 1위를 대상으로,

그 아래 회사가 하기 마련입니다.

비교광고는 자칫하면 비교가 아니라 비난광고가 될 수도 있다.
그러나 후발주자에게 비교광고는 '밑져야 본전'일 수도 있다.
어차피 1등 브랜드에게 밀리고 있을 때 사용하니까.

공익광고

공익광고(Public Service Advertising)는 '기업이나 단체가 공공의 이익을 목적으로 하는 광고'입니다.

그러나 기업이 하는 광고가 아무리 공익적 성격을 띠고 있더라도 공익광고라고 하는 것은 어울리지 않죠.

따라서 정부, 지방자치단체, 국내외 비영리단체나 개인이 공공의 이익을 위해 하는 광고를 공익광고라고 해야 할 것입니다.

일본 정부가 1941년에 한 광고. 소년 전차병을 모집한다는 내용이다. 학비는 모두 나라가 부담하고 매월 4원의 수당을 지급한다고 적혀 있다.

이는 쓰레기 재활용을 위한 공익광고다.

공익광고가 처음 선을 보인 것은 제1차 세계대전 무렵이었습니다.
그 무렵 정부는 적과 싸울 병력이 필요했고, 많은 젊은이를
전장으로 보내기 위해 병력 모집 광고를 했죠.
그 후 정부는 공익광고를 적극적으로 활용하기 시작했습니다.

오늘날 공익광고 또한 일상화되었습니다.
특히 민주주의 제도 아래 있는 나라들은 정부의 통제보다는
시민의 자발적 참여를 유도하기 위해 공익광고를 자주 이용합니다.

중앙정부뿐 아니라 지방자치단체들도 그 고장을 널리 알리기 위해
광고를 시행하고 있는데, 이런 광고도 큰 의미에서는 공익광고라고 할 수 있다.
특정 기업이나 상품을 위한 광고가 아니기 때문이다.

티저광고

티저광고(Teaser Advertising)는 소비자의 호기심을 자극하는 광고입니다. 'tease'는 '놀리다'라는 뜻과 함께, '애타게 만들다'라는 뜻도 가지고 있습니다. 결국, 티저광고는 '소비자를 놀리면서 애를 태우게 하는 광고'를 말합니다. 티저광고는 처음에 상품이나 서비스, 하물며 기업 명칭도 드러내지 않습니다. 모두 궁금해할 즈음 제품을 소개하는 거죠.

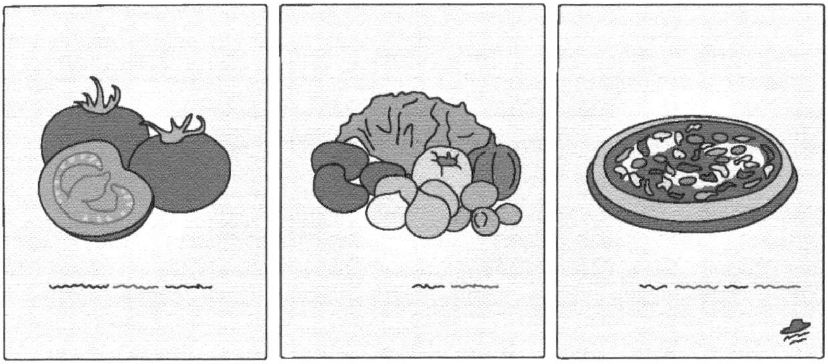

1차 (TEASER) 2차 (FOLLOW UP) 3차 (LAUNCH)

첫 번째 광고에서는 신선한 토마토만 보여 준다.
두 번째 광고에서는 더 신선한 다양한 채소와 과일을 보여 준다.
그리고 마지막 광고에서 제품명을 드러낸다.

아무것도 없이 'Attention'
이라고만 써 놓은 티저광고.

티저광고는 소비자의 호기심을 이끌어,

광고에 대한 관심을 높이는 상승효과를 가져옵니다.

그러나 위험 요인도 크죠.

후속 광고를 보지 않는 경우, 앞 광고는 비용만 낭비할 뿐입니다.

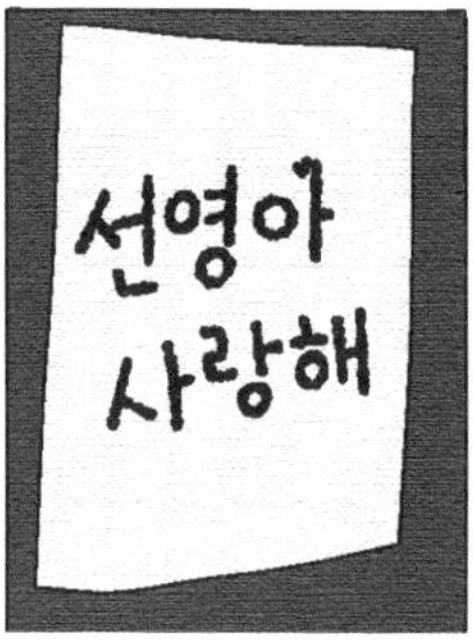

2000년, 대한민국 방방곡곡에
'선영아 사랑해'라는 전단지가 붙었다.
사람들은 이것이 무엇인지, 선영이가 누구인지,
전단지의 목적이 무엇인지 궁금해했다.
열흘 후 다음 광고를 실시했다.
마이클럽이라는 여성 포털사이트의 광고였던
것이다. 그렇지만 마이클럽이라는 기업은
오늘날 기억 속에 없다. 아무리 좋은 광고라도
제품이나 서비스 품질이 우선임을 보여 주는
사례다.

CM송

CM송(Commercial Song)은

'방송광고에 사용하기 위해 만든 노래 또는 음악'을 가리킵니다.

영어권에서는 일반적으로 '징글(Jingle)'이라고 부르죠.

CM송은 라디오의 등장과 함께 탄생했습니다.

1926년 무렵 등장한 시리얼 제품 'Wheaties'의 CM송을 부른 남성 4중창단 모습. 이 광고는 시장에서 사라질 위기에 놓인 제품을 극적으로 부활시켰고, 그때부터 CM송은 주요한 광고 수단으로 자리 잡았다.

초창기에는 특정 제품을 위해 새로운 곡을 만들어 사용했습니다.

오늘날에는 기존의 음악을 편곡하거나 개사, 또는

그대로 사용하는 경우가 많습니다.

또 단순한 음향효과를 통해

제품의 정체성을 드러내는 경우도 많죠.

인텔을 사용하는 모든 컴퓨터 광고에
등장하는 3초짜리 음향효과는
가장 짧은 시간에 가장 큰
광고 효과를 가져온 소리다.

<Welcome to my world>는 미국 가수
짐 리브스가 부른 노래다. 대한민국의
항공사는 이 노래를 다른 사람의 목소리로
녹음하여 광고에 활용했다. 그런 까닭에
대한민국 국민이 이 노래를 들으면 머릿속에는
짐 리브스가 아니라 그 항공사가 떠오른다.

유명인 광고

오늘날 광고 가운데 가장 흔한 것은

유명인을 이용한 광고(Celebrity Endorsement)입니다.

유명 연예인이 안 나오는 광고를 찾기가 힘들 정도니까요.

어떤 연예인은 광고 외에는 거의 활동도 하지 않습니다.

막대한 비용을 지불하면서도 광고에 유명인을 사용하는 데는

그만한 이유가 있습니다.

유명인이 광고에 등장하면 누구나 쉽게 그 제품을 기억합니다.

그 유명인이 광고 제품과 관련된 사람이라면 더욱 효과적이고,

한 유명인이 한 제품을 오래도록 광고하면 또 효과가 배가되죠.

그러나 위험도 도사리고 있습니다.

유명인이 사회적으로 좋지 않은 일에 연루되면

그 제품에 대한 평판이 추락하기 때문입니다.

운동선수가 신거나 입고 나오는 운동화, 유니폼에는 대부분 스포츠 용품 회사 광고가 부착되어 있다. 스포츠 용품 회사들은 유명 선수에게 엄청난 광고비를 주면서 자사 상표가 부착된 제품을 사용하도록 한다.

어떤 배우는 오랜 기간 특정 제품의 광고 모델로 활동하는데, 때문에 그 무렵 사람들은 '그 배우=그 제품'으로 기억한다.

새롭게 변하는 광고

MANGO

GAP

H&M

ZARA

UNIQLO

SPAO
ALL GENERATION

FOREVER 21

광고의 변화

광고는 자본주의가 일정 시점 이상에 도달했을 때 꽃을 피웁니다.

제품의 '수요'가 '공급'을 능가하여 만들기만 하면 팔리는 경우

광고는 불필요합니다.

가내수공업 중심의 경제에서도 광고는 썩 중요하지 않습니다.

만드는 제품의 양이 적어 많은 사람에게 알릴 필요가 없기 때문이죠.

그러나 자본주의가 발달하면서 '공급'이 '수요'를

앞지르기 시작하면 광고가 필수적입니다.

다른 경우도 있습니다.

기술 개발이 진행될수록 제품들 사이에 차이가 사라지기 시작합니다.

우리 제품과 상대 제품 사이에 특별한 차이가 없는 것입니다.

이때 광고가 필요합니다.

우리 제품이 상대 제품과 다르다는 점을 알려야 하죠.

비슷한 제품들 가운데 우리 제품을 선택하도록 하려면

단순히 제품 정보만 제공해서는 안 됩니다.

그래서 날이 갈수록 광고는 복잡한 양상을 띱니다.

즐길거리가 영화 외에 별로 없던 시절, 영화 광고는 새로운 영화에 대한 정보를 제공하는 역할을 했다. 그래서 영화를 보려는 사람은 아무 신문이나 펼치고 그날 볼 수 있는 영화 정보를 얻고자 했다.
그러나 오늘날 이런 광고를 찾는 사람은 없다. 영화는 집안에서도 하루에 몇 편씩 볼 수 있으니 말이다. 따라서 이제 극장은 영화만 보는 곳이 아니라 다른 무언가를 제공하기도 하는 공간이 되어야 한다.

계획적 진부화

제품 사이의 경쟁이 치열해지면 당연히 더 좋은 제품, 더 좋은 서비스가 등장합니다. 이 또한 광고의 긍정적 효과이기도 합니다. 그렇다고 늘 더 좋은 방향으로 제품이 개선되는 것은 아닙니다.

계획적 진부화를 위해서는 너무 튼튼한 제품도 좋지 않다.
끊임없이 신제품을 출시하기도 한다.
유행에 뒤처진 느낌을 주는 것도 필수다.

자본주의가 성숙 단계에 들어서면 더 이상

신규 수요를 창출하기 어렵습니다.

이런 경우 너무 튼튼하고 오래 사용할 수 있는 제품은

수요 창출에 오히려 걸림돌이 되죠.

계획적 진부화(Planned Obsolescence)는

이러한 걸림돌을 제거하기 위한 기업의 왜곡된 전략입니다.

'패스트 패션'으로 불리는 SPA 의류업체들은 계절별로 옷을 사던 소비자들에게 값싸고 오래가지 않는 옷을 매일 선보이고 있다. 이는 옷을 값싸게 공급하는 이점과 함께 자원 낭비, 저임금 노동자 착취 같은 사회적 문제도 일으킨다.

수요층의 확대

자본주의가 성숙하면서 기업간의 경쟁이 심화되고,
생산한 제품이 팔리지 않기 시작했습니다.
그러자 제품의 장점을 알리는 것만으로는 부족했죠.
이때 떠오른 생각이 있었습니다.
이제까지 사용하지 않던 사람에게 물건을 파는 것이었습니다.

1926년 체스터필드 담배회사에서는
이전까지 흡연하지 않던 여성에게 흡연을
유도하는 광고를 처음으로 했습니다.

"내게 연기를 뿜어 주세요."
이 광고로 5%에 불과하던 여성 흡연 인구가 10여 년 만에 두 배로 증가하였다.

1970년대까지 대한민국에서 화장품은 대부분

결혼을 앞둔 여성들이 사용했습니다.

화장품 종류도 흔치 않았고, 화장품 회사도 별로 없었기 때문이죠.

그러다 1970년대에 접어들면서 여러 회사가 화장품 생산에

나섰습니다. 그들은 많은 화장품을 만들었고,

더 많은 사람들이 화장을 하도록 유도했습니다.

그때부터 고등학교를 졸업한 여성들을 대상으로

화장품 광고를 하기 시작했습니다.

이제 화장품은 사회에 진출한 여성들의 상징이었죠.

일제 강점기 때 실시한 화장품 광고와 1970년대 화장품 광고.

그러나 화장품 회사들은 그 정도로 만족하지 않았습니다.

21세기에 접어들면서 남성, 청소년, 나아가

아이를 위한 화장품까지 개발하고, 광고하기 시작했습니다.

불과 30년 전만 해도 화장품은 성인 여성을 위한 제품이었다.
그러나 오늘날 화장품은 남녀노소 모두를 위한 제품이 되었다.

고급화를 통한 시장의 확대

아무리 노력해도 새로운 수요가 창출되지 않는 경우도 있습니다.

오늘날 칫솔질을 하지 않는 사람은 없습니다.

그래서 아무리 광고를 해도 치약이 더 팔리지는 않죠.

이런 경우에는 다른 전략을 세워야 합니다.

이때 나타난 것이 '고급화'입니다.

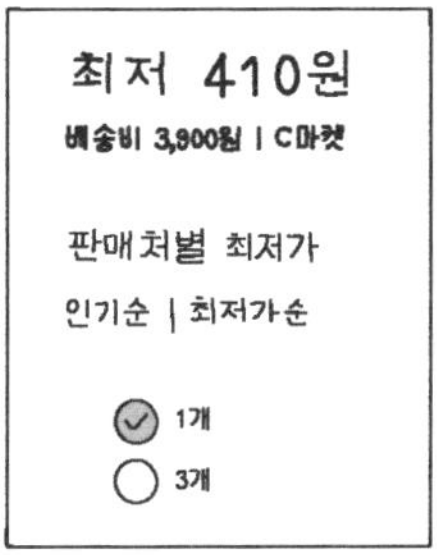

오늘날 대한민국에서 팔리는
치약 가운데 가장 싼 것은
150g에 400원대이다.

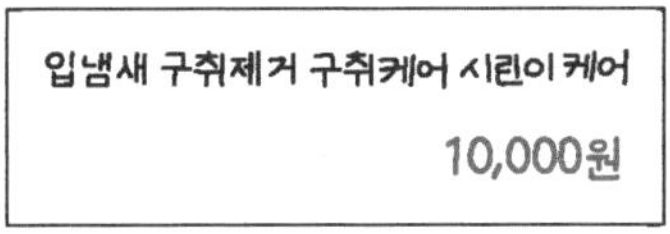

그러나 120g에 10,000원이 넘는 제품도 있다.
값싼 제품으로 이를 닦으면 이가 잘 썩고,
비싼 제품으로 이를 닦으면 이가 안 썩을까?
누구도 알기 힘들다.
그러나 치약 시장 규모는 확대된다.

만일 대한민국 시민 모두가 고급 제품을 사용한다면
치약 시장 규모가 금세 20배 이상으로 확대됩니다.
당연히 기업의 매출액 역시 증가할 것입니다.

이런 고급화일수록 광고가 큰 역할을 합니다.
수십 배 비싼 가격을 주고 같은 용도의 제품을 구입하기 위해서는
그럴 만한 이유가 필요하기 때문이죠.

오늘날 대한민국은 아파트 전성시대다.
아파트 건설 회사들은 그에 맞추어 고급화 전략을 세우고 있다.
왼쪽은 본래 브랜드, 오른쪽은 새로 출시한 고급화 브랜드이다.
같은 건설 회사에서 다른 상표 아파트를 판매하는 것이다.

소비는 심리다!

과거에 소비는 필수적인 것에 국한되었지만,

오늘날 소비는 필수적인 것에 국한되지 않습니다.

옷장에 수많은 옷이 있는데도 또 옷을 구입하니까요.

냉장고 안에 먹을 것이 가득해서 더 넣을 수 없을 때도 구입합니다.

빚을 내서 비싼 차를 구입하고,

사용하지도 않을 물건을 끊임없이 삽니다.

학자들은 이러한 소비자 심리를 연구했습니다.

그러다가 여러 가지 사실을 알게 되었죠.

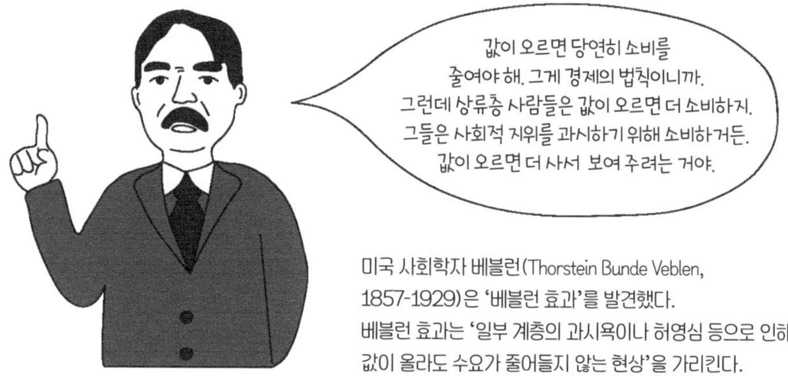

미국 사회학자 베블런(Thorstein Bunde Veblen, 1857-1929)은 '베블런 효과'를 발견했다.
베블런 효과는 '일부 계층의 과시욕이나 허영심 등으로 인해 값이 올라도 수요가 줄어들지 않는 현상'을 가리킨다.

또 누군가는 그런 상류층 사람들의 소비 행태로부터 영향을 받기도 합니다.
소득 수준은 그들과 다른데도 주위에서 여러 사람이 높은 수준의 소비를 하면 그 영향을 받는 것이죠.

이를 가리켜 '전시효과(Demonstration Effect)'라고 하는데, 미국의 경제학자 듀젠베리(James Stembel Dusenberry, 1918-2009)가 주장하였습니다.
이와 비슷한 것으로 '밴드왜건 효과(Bandwagon Effect)'가 있습니다.

밴드왜건은 '놀이공원 등에서 공연하는 악대'를 가리킵니다.

사람들은 주위 사람들이 많이 소비하는 상품을

덩달아 구매하는 경우가 많은데, 이를 밴드왜건 효과라고 하죠.

그러나 밴드왜건 효과는 많은 부작용도 일으킵니다.

이와 반대되는 것으로 '스놉 효과(Snob Effect)'가 있습니다.

스놉은 잘난 체하는 '속물(俗物)'을 가리키는데,

스놉 효과는 '사람들이 특정 제품을 많이 사용하면 오히려

그 제품을 사용하지 않는 것'을 가리킵니다.

광고가 발달하면서 광고를 하는 사람들 역시

이러한 소비자들의 심리를 활용하기 시작했습니다.

소비자를 연구하고, 그들의 행동을 탐구한 끝에

새로운 광고를 만들어 냈죠.

나아가 이러한 이론들을 통해 소비자를 현혹시켰습니다.

또한, 이러한 이론이 등장하면서 '마케팅'이라는 개념도 탄생했습니다.

21세기 광고

마케팅의 탄생

1950년대에 들어서면서 미국을 비롯한
서구 자본주의 국가들에서는 공급이 수요를 앞지르기 시작했습니다.
제2차 세계대전이 끝난 후에는 대부분 공장이 파괴되었기에
수요는 많았지만, 공급은 절대적으로 부족했기 때문이죠.
그러나 시간이 지나면서 공급이 급격히 늘었고,
쌓여 있는 제품을 팔기 위한 새로운 전략이 필요했습니다.

이 무렵 등장한 개념이 '마케팅(Marketing)'입니다.
마케팅은 '시장'을 뜻하는 'market'에
진행형 '–ing'를 붙여 만든 신조어입니다.

이 단어는 번역하기가 어렵습니다.
그래서 우리나라에서도 그냥 '마케팅'이라고 부릅니다.
국어사전에도 용어가 수록되어 있죠.

마케팅으로는 제품을 생산자로부터 소비자에게 원활하게 전달하기 위한 기획 활동, 시장 조사, 상품화 계획, 선전, 판매촉진 따위가 있습니다.

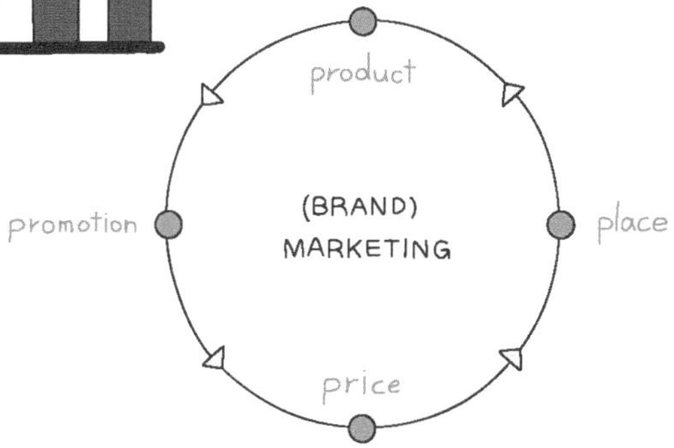

마케팅은 시장과 관련한 모든 행위이다.
시장을 활성화하여 수요를 창출하는 것이
곧 마케팅이다.

마케팅은 시장에서 소비자를 적극적으로 만나는 모든 행위를 가리킵니다.

일반적으로 '마케팅' 하면 떠오르는 것이 4P,

즉 제품(Product), 유통경로(Place), 가격(Price),

판매촉진 활동(Promotion)입니다.

제품을 소비자의 마음에 들게 만드는 게 마케팅의 출발이야.

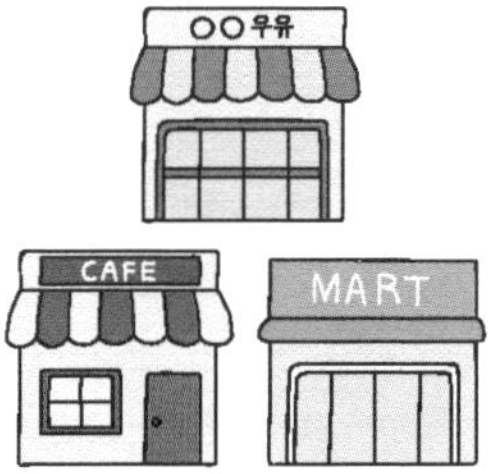

그런 다음에는 소비자가 쉽게 선택할 수 있도록 유통경로를 마련해야 해.

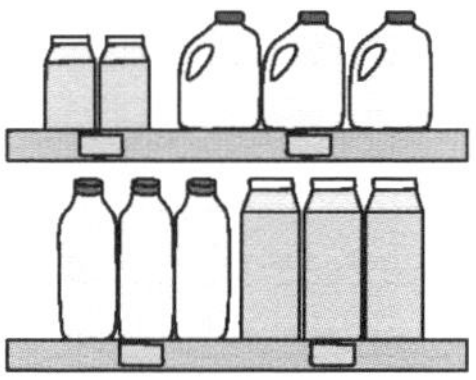

또 소비자들이 쉽게 지갑을 열 수 있도록 적절한 가격을 매기고,

마지막으로 소비자들이 적극적으로 구매하도록 판매촉진 활동에 들어가야 해. 판매촉진 활동에는 광고도 포함하지.

그러나 시대가 변하면서 4P로 대표되던 마케팅은

훨씬 넓은 의미로 확장하기 시작했습니다.

그래서 날이 갈수록 마케팅의 내용은 확장합니다.
결국 새로운 제품을 기획하여 생산하고 유통하며
가격을 결정하고, 소비자에게 적극적으로 다가가는
모든 행위가 마케팅인 셈이죠.

광고는 마케팅에 포함됩니다.

그러나 광고는 마케팅의 하위 개념이라기보다는

보완적 개념으로 보는 것이 옳습니다.

마케팅을 위해 광고가 필요하기도 하지만,

소비자 조사로부터 구매 의사결정 과정에 이르는 광고 활동이

마케팅에도 영향을 미치기 때문이죠.

이때부터 마케팅이라는 용어가 광고의 세계에 들어오기 시작했습니다.

바이럴 마케팅

바이럴(viral)은 '바이러스성의, 바이러스에 의한' 같은 뜻을 갖는
무서운 형용사입니다.
이 단어를 마케팅(marketing)에 붙인 것이
바이럴 마케팅(Viral Marketing)이죠.
컴퓨터 바이러스처럼 자신도 모르는 사이에
확산된다는 뜻에서 이런 명칭이 붙었습니다.

바이럴 마케팅은 인터넷 시대에 태어난
새로운 광고 형식입니다.
바이럴 마케팅에 '광고'라는 용어 대신
'마케팅'이라는 용어가 붙은 까닭이 있습니다.
바이럴 마케팅은 눈에 보이는 광고가 아니기 때문이죠.

바이럴 마케팅은 수많은 소비자들 틈으로 스며든다.

바이럴 마케팅은 인터넷을 사용하는 소비자 활동에서 시작했습니다.
즉, 네티즌들이 자발적으로 어떤 기업이나 제품을
홍보하는 마케팅 기법입니다.

초기에 광고 담당자들은 특정 제품의 구매가
가상공간에서 어떻게 이루어지는지 확실히 알지 못했죠.
그러나 얼마 뒤, 네티즌 가운데 영향력이 큰 사람이 있고
그 사람의 활동이 눈덩이처럼 퍼지는 현상을 발견했습니다.
그 후 기업들은 이러한 형태의 마케팅에 주목하게 되었습니다.

온라인 광고

바이럴 마케팅은 인터넷 시대에 태어난 광고 기법 가운데 하나입니다.
그 외에도 온라인이라는 가상공간 내에서 실행하는 광고는 다양합니다.

광고에 새로운 전략적 요소를 가져온 것이
검색광고(Search Advertisement)입니다.

이전까지 광고 효과는 제품의 판매 결과를 통해서만 확인할 수 있었죠.
그러나 검색광고가 등장하면서
'사후 효과 측정'이 '동시 효과 측정'으로 바뀌었습니다.
화면에 광고를 올린 뒤 그 광고를 클릭해서 본 사람 수에 따라
광고비가 결정되는 것입니다.

광고주들은 열광했죠.
광고를 한 효과가 없으면 돈을 안 내면 되고, 효과가 좋으면
그만큼 광고비를 지출하면 되었으니까요.

이로써 광고의 중심이 '일방소통형' 광고에서
'쌍방소통형' 광고로 옮겨 가기 시작했습니다.

블로그 마케팅(Blog Marketing)은 인터넷에서
개인이나 단체 등이 자유롭게 자신만의 글, 그림, 정보를 올릴 수 있는
블로그를 이용한 마케팅을 가리킵니다.
특정 블로그에는 그 블로그가 제공하는 정보에 관심을 가진
동질 집단이 모이기 마련이죠.
따라서 그 집단에 적합한 제품이나 서비스 광고에 효과적입니다.

배너 광고(Banner Advertisement)는 인터넷에 올리는 현수막 모양의 광고다.
배너 광고는 클릭 수에 따라 광고비가 책정되기도 하고,
배너의 크기에 따라 광고비가 책정되기도 한다.

스마트폰 시대의 광고

인터넷이라는 가상공간을 넘어 '스마트폰'이라는
개인 소지형 무선(無線) 매체가 등장하자
또 다른 커뮤니케이션이 시작되었습니다.
이른바 소셜 네트워킹 서비스(Social Networking Service, SNS)가 그것이죠.

이 서비스 공간에서는 모든 개인이 정보의 생산자이자 소비자이고,
제품의 공급자이자 수요자가 되었습니다.

사람들이 모이고 서로 정보를 공유하는 매체가 탄생했는데,
이곳에 광고가 없을 리가 없죠.

새로운 미디어 환경을 지배하는 것은
'애드테크(Ad-Tech)'라고 불리는 방식입니다.
애드테크는 첨단 기술과 광고를 결합시킨 것으로, 소비자의
일거수일투족을 추적하여 그가 원하는 광고를 제공하는 기법입니다.

빅데이터를 기반으로 하는 애드테크 기법은 향후 더욱 활발할 것입니다.

오늘날 소셜 미디어는 광고가 유통되는 새로운 매체죠.

그 영향력은 신문, 잡지 등 전통적인 인쇄 매체를 능가한 지 오래입니다.

소셜 네트워킹 서비스(SNS)의 탄생은 광고가 광고주의 영향력에서 벗어나는 신호탄이 되고 있다. 이제 광고는 소비자가 만들고 소비자가 전파하는 정보다. 그뿐이 아니다. 광고주의 비윤리적 행위, 과대 광고 등 부정적인 요인에 대한 소문 또한 급속히 퍼져 나간다. SNS 사용자들이 힘을 합치면 한 기업을 파멸에 이르게 할 수도 있다. 나아가 한 나라, 한 지역의 정치 지형을 바꾸기도 한다. 2010년경부터 아랍 세계에 불어닥친 민주화 시위는 소셜 미디어를 타고 퍼져 나간 새로운 정보 공유 시스템으로부터 비롯했다.

뇌과학과 광고

뉴로 마케팅(Neuro Marketing)은 '뇌과학을 이용해
소비자의 뇌 반응을 측정하고, 이를 광고에 반영하는 마케팅'입니다.
아직은 출발점에 서 있는 뉴로 마케팅은
이제까지의 모든 마케팅과는 전혀 다른 전략이죠.

소비자들은 말합니다.
"이제 나도 잘 모르는 내 뇌까지 측정하고 조종하겠다고?"
뉴로 마케팅은 상품에 대한 감정과 구매에 영향을 끼치는 소비자의 무의식을
통제하고 조종한다는 면에서 윤리적인 문제까지 제기하고 있습니다.
그러나 뉴로 마케팅 역시 사회적 문제, 윤리적 문제, 과학적 문제에도 불구하고
계속 진행될 것입니다. 광고의 효과를 극대화하는 데 유용하기 때문입니다.

광고주들은 말합니다.
"광고 덕분에 제품이 혁신을 이루고 새로운 제품이 개발되었다고
했잖아. 광고가 없었다면 우리가 어떻게 편리하고 이로운

제품을 사용할 수 있겠어?

그러니 더 과학적인 광고 기법이 개발되면 좋은 거지."

그러나 많은 사람은 우려를 표하기도 하죠.

"오늘날 기업은 정치·경제는 말할 것도 없고,

문화·예술·언론 등 모든 분야에 영향력을 행사하며

시민을 상품의 노예로 만들고 있어.

그런데 이제 시민의 뇌까지 분석해서 통제하겠다고?

인간을 고작 상품이나 사는 유전자로 여겨 조작하겠다는 말인가?"

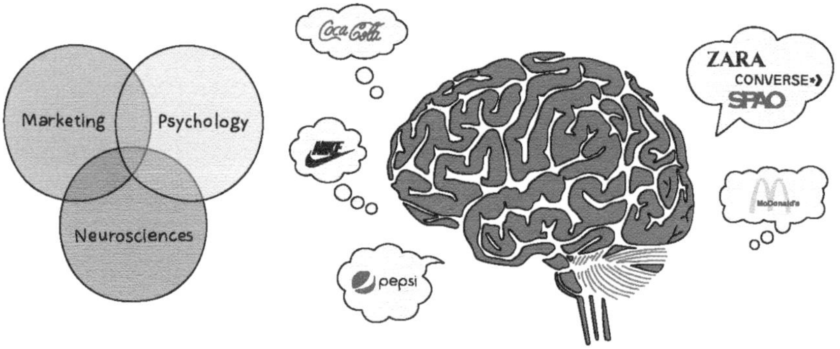

뉴로 마케팅은 마케팅과 심리학, 뇌과학이 결합하여 탄생했다.
뉴로 마케팅은 우리도 모르는 사이에 우리의 뇌 속에
특정 상품에 대한 긍정적 이미지를 심는 데 효과적이다.

세상을 지배하는 광고

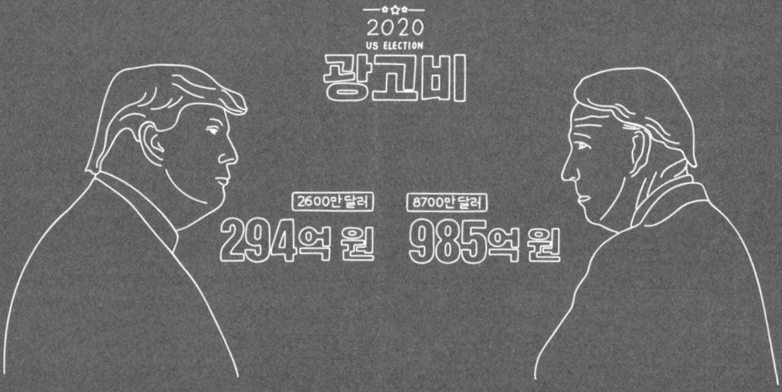

광고비의 규모는 얼마나 될까?

전 세계 모든 나라가 어떤 형태로든
광고를 집행하고 있습니다.
마치 고대 이집트나 메소포타미아에서 했던 것처럼 말이죠.

전 세계에서 광고에 사용하는 비용, 즉 광고비의 규모는
얼마나 될까요?
앞서 살펴본 것처럼 광고의 종류가 워낙 많아서
정확한 금액을 산출하기는 어렵습니다.
그러나 2024년 현재 약 1천조 원이 넘는 것은 분명해 보입니다.

그렇다면 광고비가 집행되는 내용은 어떨까요?
매체별로는 텔레비전 광고비가 가장 많고,
모바일 기기 광고비가 뒤를 따릅니다.
그렇지만 모바일 기기 사용이 널리 퍼진 선진국에서는
모바일 기기 광고비가 텔레비전 광고비를 앞서죠.

전통적인 매체인 신문과 잡지 광고비는
오늘날 전체 광고비의 10%에도 미치지 못합니다.

대륙별로는 아시아의 광고비 규모가 가장 큽니다.
최근 아시아 각국의 경제 성장이 눈부시고,
가장 많은 인구가 사는 대륙이 아시아 대륙이기 때문입니다.
그 뒤를 경제적 선진국들이 모여 있는
북아메리카와 서유럽이 따르고 있습니다.
세 지역의 광고비가
전 세계 광고비의 약 88%를 차지하고 있죠.
이런 사실만 보더라도 광고는
발전한 자본주의가 낳은 산물입니다.

광고는 어떻게 인류에게 영향을 미치는가?

현대의 광고는 단순히 제품을 소개하고
판매하기 위한 수단에 그치지 않습니다.
소셜 미디어를 이용한 광고, 뉴로 마케팅, 검색광고 등은
우리의 행동에 광고가 침투하여 영향력을
행사하고 있는 현상을 보여 주죠.

그뿐이 아닙니다. 역사적으로 광고는 정치·경제·사회·문화 등
우리를 둘러싼 모든 삶에 영향을 주고 있습니다.

1974년 12월 26일자 《동아일보》에 처음 백지 광고가 나타났다.

1974년 12월경,
대한민국에서 발행하는 《동아일보》 지면에서
갑자기 광고가 사라지기 시작했습니다.
신문광고가 가장 큰 영향력을 행사하던 시대에
신문에서 광고가 사라지는 현상은 놀라운 일이었죠.
이른바 '동아일보 백지 광고 사태'라는 사건이 일어난 것입니다.
그 무렵 대한민국을 지배하던 독재 정권은
정부에 비판적이었던 신문이 마음에 안 들었죠.
그들은 언론을 정권에 굴복하게 만들고자 했습니다.
권력을 손에 쥔 이들은 정권에 가장 비판적인 동아일보를
굴복시킬 방안을 고민하였습니다.

그들은 결국 광고주를 위협하기로 했고,
그렇게 지면에서 광고가 사라지기 시작했던 것입니다.
광고비는 신문사의 가장 큰 수입원이었습니다.
따라서 광고가 사라지면 신문사는
생존에 위협을 받을 수밖에 없었습니다.

그 사실이 알려지자 수많은 시민들이

동아일보를 지지하는 행동에 나섰습니다.

그 대표적인 행동이 시민들의 광고 참여였죠.

그러나 신문사 경영진은 결국

정부의 압력에 굴복하고 말았습니다.

이듬해 3월경, 정부에 비판적인 기사를 작성하던 많은 기자를 해고하였고,

정부와 타협할 수밖에 없었습니다.

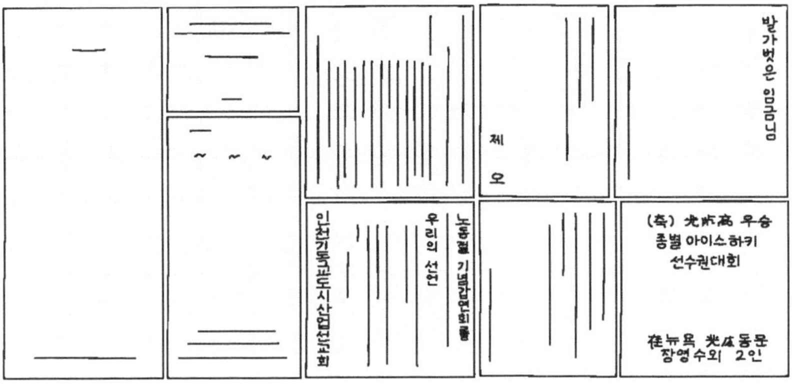

1974년 《동아일보》 백지 광고.

그렇게 동아일보 백지 광고 사태는 후유증을 남긴 채 수습되었죠.

그 후 해고된 기자들은 '동아자유언론수호투쟁위원회'를 결성하여

언론의 자유를 위해 활동하였습니다.

그리고 2001년, 대한민국 정부는

이들의 활동을 민주화 운동으로 규정하였습니다.

이는 광고가 정치와 밀접한 연관을 맺고 있음을 보여 준

대표적인 사건입니다.

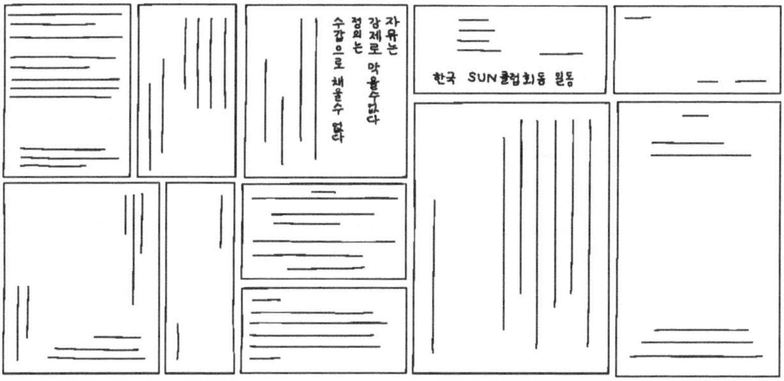

기업들이 정부의 압력에 굴복해 광고를 포기하자,
수많은 시민들이 《동아일보》에 자신의 뜻을 피력하는 광고를 게재하기 시작했다.

더욱 직접적인 정치 광고

오늘날 많은 나라에서 정치 광고를 실시합니다.

초창기 정치 광고는 후보의 정보 전달에 역점을 두었습니다.

선거 포스터는 정치 광고의 전형을 보여 준다. 선거 포스터는 오늘날에도
기본적인 정치 광고의 일종이지만, 갈수록 그 영향력은 줄고 있다.

텔레비전, 인터넷 등 다양한 매체가 탄생하면서

정치에서 광고의 영향력은 갈수록 확대되고 있습니다.

광고 역시 단순 정보 전달이 아니라

상대 후보에 대한 공격, 자당 후보의 정치적 공약 대신

감성과 설득 방식을 활용하는 등

갈수록 비정치적인 방식으로 변질되고 있습니다.

미국 대통령 선거에서는 무한정으로 광고가 허용된다.
이 때문에 2020년 대통령 선거에 사용한 광고비만 해도 무려 70억 달러에 달한다.
돈이 대통령을 선출한다고 해도 지나친 말이 아니다.
위 그림을 보면 고작 일주일만에 두 후보가 1,000억원이 넘는 광고비를 사용했음을 알 수 있다.

광고는 제품이 아니라 심리를 판다

오늘날 세계는 자원이 넘쳐나는 지역과

자원 부족으로 신음하는 지역으로 양분되고 있습니다.

북아메리카 대륙과 서유럽, 그리고 동아시아의

많은 나라에서는 엄청난 자원이 소비되고 있습니다.

광고는 자원이 넘치는 지역에서 활발한 활동입니다.

그리고 이런 지역일수록 제품 자체의 편익을 파는 일은 갈수록 어렵죠.

이 자동차 광고는 제품이 아니라 '성공'이라는 심리를 팔고자 한다.

소비자는 말합니다.

“시장에 가면 비슷한 기능을 가진 수많은 제품이 쌓여 있어요.
그러니 어떤 걸 사야 할지 잘 모르겠어요.”

“냉장고를 더 갖고자 하는 소비자가 없으니
우리 냉장고를 가지면 상류층이라는 인식을 심어 줘야 하죠.”

“요즘은 모든 자동차의 성능이 다 뛰어나서
우리 자동차를 타야만 대우받을 수 있다고 광고할 수밖에 없어요.”

이 아파트 광고 역시 건축물이 아니라
‘상류층’이라는 인식을 팔고자 한다.

광고가 보기 싫은가요? 그럼 다른 방식으로!

초창기만 해도 광고는 소비자에게
정보를 제공한다는 긍정적인 시각이 많았습니다.
그러나 시간이 흐르면서 광고에 파묻히기 시작하자
소비자들 시각은 부정적으로 변하기 시작했죠.

오늘날 광고를 좋아하는 사람은 별로 없습니다.
따라서 광고주와 소비자는 숨바꼭질을 한다고 볼 수도 있습니다.

이 신문광고는 기사인지 광고인지 독자들이 구분하기 어렵다.
이러한 인쇄매체의 광고 형식을 '애드버토리얼(Advertorial)'이라고 한다.
'advertisement(광고)'+'editorial(편집)'의 합성어이다.
편집된 기사처럼 보이는 광고이기 때문이다.

광고주는 자신들의 광고를 반드시 보도록 머리를 짜내는 반면,
소비자들은 자신이 보고자 하는 정보에서
광고를 최대한 안 보려고 애를 쓰죠.
이런 상황을 극복하고자 광고주들은 끊임없이 연구했습니다.
"어떻게 하면 광고를 보게 만들까?"

앞서 살펴본 수많은 광고 기법들은
그러한 과정을 거쳐 탄생한 것입니다.

특히 텔레비전 광고가 일상화되면서
사람들은 프로그램 중간에 튀어나오는 광고에
거부감을 갖기 시작했습니다.
이에 광고주들은 더 효과적인 방법을 강구해야 했습니다.

초창기에 한 제품을 긴 시간 동안 하던 광고가

오늘날과 같이 짧은(일반적으로 한 제품의 광고 시간은 15초 정도)

광고로 바뀐 것도 그 때문입니다.

짧게 만들어야 집중할 거라고 생각한 것이죠.

그러나 리모컨이 발명되면서

광고가 나오면 다른 채널로 이동하는 것이 일상화되었습니다.

그러자 프로그램 하단에 들어가는 가상 광고가 탄생했습니다.

프로그램 화면에 동시에 뜨는 가상 광고.

프로그램을 지배하는 광고

PPL은 프로그램 내에 등장해 소비자들의 관심을 끄는
간접광고임을 살펴본 바 있습니다.
그러나 최근 들어서는 아예 프로그램이나 영화 자체가
PPL을 위해 제작되는 경우까지 등장하고 있습니다.
광고가 제품 정보를 제공하는 기능에서 벗어나
시청자들의 시청 시간을 제품 광고로 이용하는 것이죠.

한걸음 더 나아가 최근에는
24시간 광고만을 방영하는 홈쇼핑 채널이 우후죽순 설립되었습니다.
방송국들은 홈쇼핑과 연계하여
홍보용 프로그램까지 제작하고 있습니다.

방송 프로그램에서 어떤 식품이 건강에 좋다고 소개를 합니다.

그러면 옆 홈쇼핑 채널에서 해당 식품을 판매하고 있죠.

이는 사회 전체의 자산인 방송국이

광고주의 영향 아래 들어갔음을 보여 줍니다.

그뿐이 아닙니다.

광고주를 위해 프로그램을 만드는 경우까지 등장했습니다.

홈쇼핑은 24시간 쉬지 않고 물건을 파는 내용만 방송한다.
소비자들 가운데는 홈쇼핑 방송이 주는 정보를 기꺼이 수용하는 이들도 많다.

광고 없는 방송을 원한다면

영국의 공영방송 BBC(British Broadcasting Corporation, 영국방송협회)는 1927년 출범 이래 광고를 하지 않습니다. 오직 시민들이 납부하는 시청료와 정부 지원금만으로 운영하는 것이죠. 이를 통해 BBC는 기업, 광고주로부터 독립하여 공익을 위한 프로그램을 제작하고, 공적 책임을 다하는 다양한 채널을 운영합니다.

일본의 공영방송 NHK(Nippon Hoso Kyokai,, 일본방송협회) 역시 광고 없이 수신료만으로 운영합니다. NHK는 수많은 채널을 운영하는데, 모든 채널은 다양한 계층, 지역을 위한 다양한 정보를 제공할 뿐 광고는 없습니다.

독일의 공영방송 ARD(Arbeitsgemeinschaft der öffentlich-rechtlichen Rundfunkanstalten der Bundesrepublik Deutschland, 독일연방공화국 공영방송 연합체)와 ZDF(Zweites Deutsches Fernsehen, 독일 제2텔레비전)

역시 수신료를 근간으로 운영하고 있습니다.

그 외에도 네덜란드, 벨기에, 호주 등 많은 나라들이 세금 또는 수신료로 운영하는 공영방송국 체제를 도입하였죠.

대한민국의 KBS(한국방송공사) 또한 공영방송 체제인데, KBS1 채널과 여러 라디오 방송, 그 외에 다양한 정보 제공 채널을 광고 없이 운영하고 있습니다.

광고가 없는 방송국을 운영하는 이유는 간단합니다.

광고로 운영하는 방송국의 경우, 당연히 광고주의 관심을 끌어야 하는데,

광고주의 관심을 위해서는 높은 시청률을 달성하거나

광고주가 좋아하는 내용을 선보여야 하죠.

그렇게 되면 공적 자산이라고 할 수 있는 방송이

광고주의 영향력 아래에 들어가게 됩니다.

이는 당연히 언론의 공적 사명을 포기하는 결과를 초래합니다.

반면에, 수신료나 세금으로 운영하는 방송국의 경우에는
시청률에 연연하지 않고 사회가 필요로 하는
공익 성격의 프로그램을 만들 수 있습니다. 또
모든 프로그램에서 광고주의 영향을 받지 않으므로
사회를 감시하는 비판적 시각을 유지할 수 있죠.

전 세계적으로 수신료는 상당히 비쌉니다.
영국 BBC의 경우 연 159파운드(약 26만원)이며,
일본 NHK의 경우에도 우리나라 방송국 수신료의 약 4배죠.

그만큼 광고의 영향에서 벗어난 언론,
프로그램을 위해서는 시민이,
정부가 기꺼이 부담을 지겠다는
의지가 필요합니다.

광고 없이 시청료만으로 운영하는 영국의 공영방송 BBC 뉴스.

광고윤리 및 규제

광고는 동전의 양면과도 같습니다.

긍정적인 역할과 부정적인 역할이 공존하는 것이죠.

특히 광고가 상도(商道), 나아가 사회적 규범을 벗어나는 경우,

시민에게 끼치는 해악이 큽니다.

이에 대부분 정부에서는 광고에 대해

기본적인 윤리를 지키도록 규제를 가하고 있습니다.

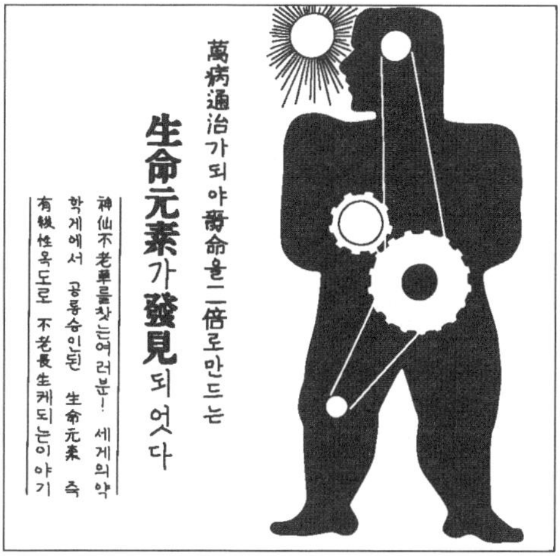

일제 강점기에 등장한 광고.
광고를 보면 '만병통치가 되어 수명을 2배로 만드는 새로운 물질이 발견되었다.'는 문구가 등장한다.
광고 규제가 시행되기 전에는 이러한 과장, 허위 광고가 가능했다.

광고 규제는 크게 '제도적 규제'와 '내용의 규제'로 나눌 수 있습니다.

제도적 규제는 방송에서 광고가 차지하는 비중,

광고 금지 품목의 결정 등이 포함됩니다.

담배 광고는 많은 나라에서 금지하고 있습니다. 또 술 광고 역시

청소년들에게 미치는 영향을 고려해 특정 시간에만 허용합니다.

담배 광고는 많은 나라에서 금지하고 있다. 오직 담배 판매대에서 판매용 담배를 전시하고 진열하는 행위만 가능하다. 그래서 담배 회사들은 담배 판매대를 광고 매체로 적극 활용하고 있다.

내용의 규제는 광고 내용이 허위·과장인 경우 법적으로 규제하는 것이죠.

특히 시민의 건강과 안전에 영향을 미치는 의약품·화장품·식품 등의

광고에서는 사전 심의를 거쳐 광고 가능 여부를 결정하기도 하고,

사후 심의를 통해 법적·제도적 규제를 가하기도 합니다.

광고의 미래

우리는 아침에 눈을 뜨는 순간부터 잠자리에 드는 순간까지
어느 곳에서도 광고를 피할 수 없는 세상에 살고 있습니다.
그리고 광고는 더욱 진화할 것입니다.
미래에는 나만을 위해 제작된 그날의 광고가
스마트폰에서 나를 기다릴지도 모릅니다.
충분히 가능한 일이죠.
나의 행동이 모두 빅데이터로 수집되는 시대이니까요.
이미 우리는 포털 사이트에서 우리의 검색 결과를 바탕으로
우리에게 필요한 광고를 바라보아야 하는 시대에 살고 있습니다.

이제 막 세상에 태어난 아이들, 그리고
새 세대는 자장가 대신 광고를 들으며 잠을 잘지도 모릅니다.
정교하게 꾸민 이야기와 음악,
아기의 뇌에 흔적을 남길 과학적 방식으로 말이죠.

끝없이 발전하는 과학에 발맞추어

광고 역시 진화할 것입니다.

그 진화의 방향을 결정하는 것은 시민들의 태도입니다.

답은 여러분의 뇌 속에 있습니다.

참고자료

《광고를 뒤바꾼 아이디어 100》, 사이먼 백스너 지음, 박성혜 옮김, 시드포스트.

《광고 문화: 소비의 정치 경제학》, 셧 잘리 지음, 윤선희 옮김, 한나래.

《광고판》, 마크 턴게이트 지음, 노정휘 옮김, 이실MBA.

《광고론: 알수록 재미있는 광고 이야기》, 한광석·백승록 공저, 글로벌.

《광고와 뇌》, 에릭 두 플레시스 지음, 양병화 옮김, 커뮤니케이션북스.

《광고학》, 김광수·우성택·권은아 지음, 한나래.

《한국광고사》, 신인섭·서범석 공저, 나남출판.

《광고의 미래 넥스트 10년》, 한국광고학회 편, 강윤지·김상훈·김현진·문장호·박종구·안정용·유승철·정혜승·황보현우 공저, 학지사.

《이 약 한번 잡숴 봐!: 식민지 약 광고와 신체정치》, 최규진 지음, 서해문집.

《광고사전》, 김광철 편저, 프로파간다.

《プロパガンダ·ポスターにみる日本の戦争 135枚が映し出す真実》, 田島奈都子 著, 勉誠出版.

Ogilvy on Advertising, David Ogilvy, Vintage Books.